CELSO MARTINS E OUTROS

VIOLÊNCIAS, PENA DE MORTE, E OUTROS DRAMAS...

EME
EDITORA

2ª edição - fevereiro/95 - do 4º ao 8º milheiro

Nota da Editora:

A idéia inicial do Celso Martins era a de lançar um opúsculo com material dele e do Deolindo Amorim. O editor resolveu ampliar a obra incluindo outros comentários de companheiros encarnados e desencarnados.

Edição e Distribuição:

EME

EDITORA

Rua Madre Valéria, 903 - Telefax: (0194) 91-3878
Caixa Postal 93 - CEP 13360-000 - Capivari-SP
CGC 67.417.675/0001-01 - I.E. 253.019.375.118-ME

CELSO MARTINS E OUTROS

VIOLÊNCIAS,

PENA DE MORTE, E OUTROS DRAMAS...

Capivari-SP
1994

Violências, Pena de Morte e Outros Dramas
Celso Martins e outros

Capa:
Matheus R. Camargo

Foto:
Degiovani Lopes

Ficha Catalográfica

Martins, Celso, e outros
Violências, Pena de Morte e Outros Dramas, Celso Martins e diversos autores, 1ª edição 1994, Capivari-SP, Editora EME.
152 p.
1) Espiritismo — 2) Violências
3) Criminologia — 4) Estudos Doutrinários
CDD - 133.9

ÍNDICE

VIOLÊNCIAS, PENA DE MORTE E OUTROS DRAMAS

Rodrigues de Camargo

"Pelas faltas dos outros, o homem sensato corrige as suas".
Osvaldo Cruz

Comecemos por fazer uma defesa do que é justo e equilibrado. O crime, a violência e a desumanidade sempre deverão ser combatidos, em quaisquer circunstâncias e por mais que se mascarem. Não é porque se comenta que existem 30 milhões de crianças carentes no Brasil e um exército de desempregados passando necessidades, requisitando nossa atenção, que vamos virar as costas aos presidiários e dizer que estão sofrendo as conseqüências de seus desatinos. De forma alguma! Primeiro que a pena não deve ir além do criminoso, mas no Brasil atinge sua família e seus filhos. Segundo que a pena deve ter efeito corretivo e educativo, e não meramente punitivo e vingativo.

Qual cristão que, adentrando uma prisão e verificando que onde estava prevista a detenção de 4 a 6 pessoas, existe um depósito de gente em torno de 12, 16 até 20 criaturas encarceradas, onde falta a assistência social, médica, educativa e profissional, não questione da sociedade:

— Que fizemos desses nossos irmãozinhos?

• • • • • • • • • • •

Nada justifica a injustiça e o não cumprimento da lei. O preso tem o direito de ser tratado com humanidade, não a pão de ló. Ele precisa se reajustar perante a sociedade, e isto só se faz com um projeto de reeducação, com um programa de trabalho para sua manutenção e ressarcimento da família de sua vítima também; plano de orientação, estudo e oportunidade, não com vingança da sociedade, relegando-o ao abandono da miséria de uma cela super-lotada ou aplicando-lhe a pena de morte.

Como disse um Procurador da Justiça, infelizmente a nossa prisão só serve para os três P (pobres-pretos--prostitutas). Lamentavelmente no Brasil, a justiça só funciona para essa classe.

Onde estão os corruptos do governo, os deputados lesadores da pátria, os prefeitos que desviam recursos, que abandonam obras, que causam imenso prejuízo ao município?

Ora Rodrigues, dirão outros, você não conhece a Doutrina Espírita? Esqueceu a Lei de Causa e Efeito: "A cada um segundo suas obras"?

É! Foi pensando no conhecimento dessa lei que propusemos a edição deste livro. Não podemos aceitar campanhas vãs de filosofias e de não punição, bem como de promessas mirabolantes para a solução da criminalidade. É necessário buscar a justiça e o equilíbrio social.

Quais as causas da violência em seus diversos níveis sociais? A imperfeição do ser espiritual. Alia-se a isto o mau uso do livre-arbítrio do ser, atrelado ao egoísmo e ao orgulho. Não basta, entretanto, desvendar as causas; é necessário educar para viver sem violência. A educação é fundamental, pois, somente através dela a Humanidade se transformará e nosso planeta alcançará o desejado patamar de Mundo de Regeneração. Torna-se preciso lutar contra as desigualdades sociais e econômicas, por uma base sólida da família onde a criança tenha realmente um lar, acesso à escola e à educação moral e religiosa.

Outro grande redutor da violência é o trabalho, sem o qual frutificarão a miséria e a desordem. É mais do que necessário desenvolver em cada município do nosso Brasil maior consciência sobre a gravidade do desemprego e suas conseqüências, presentes e futuras. Todos os que detêm potencial econômico ou de liderança têm o dever social de gerar empregos produtivos, a médio prazo, na agropecuária, no comércio ou na indústria; isso é uma questão de solidariedade: "Comida para combater a fome e trabalho para combater a miséria".

É, então, possível viver sem violência?

Sim, e não apenas no Brasil, mas em todo o nosso planeta. É claro que isso requer um longo processo de mudanças de comportamentos que acreditamos tenham se intensificado com os ensinamentos de Jesus, e somente sejam capazes de produzir frutos em escala maior nos milênios futuros. Isto porque a natureza não dá saltos e a evolução se processa lentamente pelos caminhos do aperfeiçoamento moral e espiritual.

As religiões têm muito a oferecer em favor do despertamento espiritual dos violentos e da sedimentação da fraternidade e da autêntica caridade dos pacíficos. O Determinismo Divino é pela perfeição do ser espiritual.

• • • • • • • • • •

Quem poderá dizer diante do Divino Juízo: — Eu não cometi delito! Na verdade, somos todos criminosos, só que não catalogados na justiça humana. Porém, nunca escaparemos à Justiça Divina. Ela vai nos cobrar: — Que fizestes desses irmãos pequeninos? Procurastes fazer justiça e caridade?

Pode acreditar, diz André Luiz (Chico Xavier), no livro **Agenda Cristã**-FEB, *falará você na bondade a todo instante, mas, se não for bom, isso será inútil para sua felicidade.*

DIVALDO PEREIRA FRANCO RESPONDE SOBRE A SITUAÇÃO DA VIOLÊNCIA NO MUNDO

A Voz — *Como você vê a atual situação da violência no mundo?*

Divaldo — Observamos por um lado, que os indivíduos estão colocando para fora as suas manifestações primárias de barbarismo, de agressividade, numa forma de catarse. De outro, os estímulos da droga, a busca exacerbada do sexo, as grandes fugas da realidade fizeram da nossa, uma sociedade injusta e agressiva.

Outros fatores logicamente contribuíram para esse tipo de sociedade na qual vivemos. É de se lamentar que o homem, que parece ter atingido um alto grau de civilização, do ponto de vista intelectual, não haja adquirido o mesmo nível de cultura ético/moral. Como Kardec costuma dizer, intelecto/moral, em que a inteligência e o sentimento tiveram o mesmo desenvolvimento. Observamos que isto está levando a nossa civilização ao caos.

O antídoto para isso é o conhecimento, a divulgação e a vivência do Espiritismo, que nos ensina a técnica da não violência; não por medo, nem submissão, nem numa atitude de resignação parasitária; e sim numa resignação dinâmica, que nos oferece valores e recursos para superar os nossos instintos agressivos. Conforme a resposta da pergunta 742 de "O Livro dos Espíritos" sobre a guerra, para que a predominância da natureza animal sobre a espiritual seja modificada.

Entrevista concedida ao repórter Carlos Fet, ao Jornal "A Voz do Espírito" (abril de 93)

CRITÉRIOS DE JUSTIÇA NO PENSAMENTO ESPÍRITA

Wilson Garcia

O que é crime — Aplicação da pena ao infrator — Arrependimento e reparação — Princípio de alta idealidade moral — Dano pessoal do delito — A indenização às vítimas do delito — Solução teórica para o problema — O homem é um ser dual — A justiça será desfraldada na Terra.

Um dos maiores problemas com que se debate a Criminologia diz respeito à penalização do infrator e conseqüente reparação do crime. Não há um consenso, embora haja leis. Aliás, dizer o que é crime não é tão difícil. Como se sabe, a justiça humana pune o delinqüente descobrindo o seu delito, aplicando-lhe uma pena determinada e atirando-o no fundo de uma cela. Só por muita sorte ele irá para alguma colônia correcional. Acontece que o processo tradicional já de muito é tido como deficiente uma vez que marginaliza ainda mais o delinqüente.

Analisando a questão pelo pensamento espírita, verifica-se o seguinte: o Espírita não é contrário à aplicação da pena ao infrator, pois entende que todo o mal deve ser punido. Nesse sentido, veja-se as conclusões do professor Fernando Ortiz em seu livro "A Filosofia Penal dos Espíritas":

Não basta para o Espiritismo a expiação ou arrependimento; ele exige a reparação.

Vejamos em que consiste: "A reparação consiste em se fazer bem àquele a quem se fez mal: quem não repara nesta vida as faltas cometidas, por impossibilidade ou por falta de vontade, achar-se-á em existência posterior em contato com as mesmas pessoas a quem prejudicou e em condições por ele mesmo escolhidas, de sorte que lhe facilitem o desejo de lhes fazer tanto bem quanto mal lhes houvera feito".

Têm razão os espíritas — prossegue o professor — quando proclamam que o princípio da reparação, fatalmente necessária, é um princípio de alta idealidade moral, não proclamado pelas religiões vulgares. Neste aspecto da

Criminologia os espíritas vão muito além dos homens de ciência.

A Criminologia conhece a importância da reparação do dano pessoal do delito. É precisamente um mérito da nuova scuola haver salientado a sua transcendência e refletir sobre esse tema os dados da ciência contemporânea, que há já um século foi tão grato a Melchor Gioia e a Bentham.

Spencer, — ainda é o professor quem diz — e mais tarde Garógalo no seu livro "A indenização às vítimas do delito", e com ele Fioretti, Prinns e outros, em reiterados informes aos congressos de ciências penais, cuidaram desse tema interessante, e todos unanimemente trataram da necessária reação contra o esquecimento em que ficam os prejudicados pelo delito.

São vários os projetos discutidos, porém todos se referem quase exclusivamente à reparação pecuniária do dano material do delito, ou, quando muito, à reparação por meios econômicos, do dano moral.

O problema da reparação do dano moral é de impossível solução para os penalistas, e da reparação do mal material o é em muitos casos.

Somente as concepções espirituais podem alcançar uma solução teórica para o problema. O evolucionismo eterno dos Espíritos pode conceber um constrangimento psíquico suficiente para lograr o ressarcimento do dano moral do delito pelo próprio delinqüente. O Espiritismo afirma que possui os meios coercitivos necessários para essa empresa de correcionalismo sobre humano que nós os homens não temos.

Assim — finaliza Fernando Ortiz — podem os espíritas

sustentar que sua filosofia penal atribui à pena um fim eminentemente reparador: reparação do dano causado à sociedade (dano objetivo impessoal); reparação do dano produzido à vítima ou o indivíduo passivo do ato doloso (dano objetivo pessoal) e reparação do dano experimentado pelo próprio autor do crime (dano subjetivo)".

O que o Espiritismo prevê é exatamente isto: o homem é um ser dual — espírito e matéria. Quando morre, a matéria (corpo) se desintegra; o Espírito prossegue em sua existência. Mais tarde, ele renasce no mesmo planeta. Havendo cometido delitos (danos), deverá repará-los junto àqueles que os sofreram. Assim a questão fica clara: se ferir o direito alheio e não corrigir o prejuízo na mesma existência em que o cometeu, fá-lo-á em outra, indiscutivelmente.

Para o Espiritismo, pois, a pena aplicável ao delito é relativa ao próprio grau do delito, e é eminentemente educadora. Não há pena perpétua e nem tempo rígido para o seu cumprimento. Poder-se-ia dizer que a sentença é indeterminada. O homem é um ser em evolução que erra, repara o erro e prossegue no seu progresso.

A justiça, segundo o Espiritismo, será desfraldada na Terra, mais tempo menos tempo. Antes, porém, a justiça humana em suas partes científica e filosófica, haverá de conhecer em profundidade a figura do delinqüente consoante o pensamento evolucionista. Até que isso aconteça, o progresso se fará, mas continuará sempre incompleto nessa área controvertida da sociedade.

Jornal Espírita *- Março/80*

PENA DE MORTE

Richard Simonetti

1 - *Qual deveria ser a posição espírita, num eventual plebiscito sobre a pena de morte?*

A posição espírita, contrária à pena de morte, está claramente exposta em "O Livro dos Espíritos", no capítulo que trata da Lei de Destruição.

2 - *E quanto aos espíritas que se dizem favoráveis à pena máxima, em crimes hediondos, que chocam a opinião pública?*

Certamente não estudaram com o devido cuidado os princípios doutrinários.

3 - Não seria a pena de morte um eficiente recurso para dar um "choque" de despertamento nos indivíduos tão comprometidos com a violência, que parecem enquadrados num impasse evolutivo?

A autoridade suprema para esse "choque" é Deus. O Criador não delega semelhante função aos legisladores humanos.

4 - Em época de exacerbamento da violência, não seria de inspiração divina a idéia da pena de morte, com o propósito de coibi-la?

As leis divinas não mudam ao sabor das conveniências humanas. São imutáveis. E está inscrito no Quinto Mandamento da Tábua da Lei, recebida por Moisés no Monte Sinai, que Kardec reconhece, em "O Evangelho Segundo o Espiritismo", como a primeira revelação divina: "Não matarás". Isto se aplica a indivíduos e coletividades.

5 - Não é um tanto difícil aceitar o "não matarás" quando se sofre na própria carne os efeitos da violência?

Sem dúvida. Mas é preciso considerar que, segundo milenar princípio, a violência apenas gera violência. Ainda que relutemos em aceitar, a Doutrina Espírita demonstra que as vítimas da violência estiveram envolvidas com ela em existências anteriores.

6 - Fazendo abstração das Leis Divinas e considerando a necessidade de leis humanas que atendam às contingências da época em que vivemos, não é a pena de morte um castigo exemplar?

Por que castigo? A execução apenas liberta o criminoso dos liames carnais, fazendo engrossar o contingente de Espíritos rebeldes e agressivos que pressionam as criaturas humanas, induzindo-as a um comportamento violento.

7 - Se os brasileiros escolherem a pena de morte, não teremos aí a manifestação da vontade divina, considerando, segundo velho ditado, que "A voz do povo é a voz de Deus"?

Os fariseus crucificaram Jesus dizendo-se inspirados por Deus. Árabes e judeus trucidam-se hoje, julgando representar os interesses do Eterno. O mesmo ocorre entre fanáticos católicos e protestantes, na Irlanda. Algumas das piores atrocidades humanas foram cometidas por multidões que supunham cumprir a vontade de Deus.

8 - Quais seriam as alternativas à pena de morte?

Começaremos a resolver o problema da violência combatendo suas origens. Todos sabemos onde estão: miséria, fome, abandono, ignorância. O saneamento desses males exige um trabalho gigantesco que jamais será resolvido enquanto debitarmos as providências necessárias unicamente ao governo, com a omissão da população em geral, com multidões agindo como eremitas sociais, encasteladas no egoísmo.

*Extraído de "**O Clarim**" - 15.05.93*

PENA DE MORTE E HIPOCRISIA

Henrique Rodrigues

Pelo dito popular: "a voz do povo é a voz de Deus". Se isso é verdade, que venha o tal plebiscito pró ou contra o presidencialismo, o parlamentarismo ou a monarquia, e ainda a pena de morte. O que vier, foi pela voz do povo, portanto, a voz de Deus. Nos idos da década de sessenta, creio, por essa revista, comentei a morte, nos EEUU, de Carryl Chesmann, o "bandido da luz vermelha", na câmara de gás. É que a "patriotada" verde-amarela, insurgindo-se contra a pena imposta ao bandido, alegava que felizmente no Brasil, não havia pena de morte. E, com fatos, eu argumentava que em nosso país, e em muitos outros, cristãos ou não, nos códigos penais ou fora deles, **existia** a pena de morte. Basta abrir os jornais diariamente e nos deparamos com os mais variados tipos de assassinatos, ou com relatórios de entidades de saúde, sobre os milhões de abortos que aqui se praticam. O que é isso, senão a pena de morte, com as mais selvagens características? Alguns abortados descem pelos encanamentos sanitários, e outros vão para as latas de lixo. Abordo o tema no meu livro "Lições de Vida". Recordo-me que, na época, o deputado Campos Vergal, espírita, telegrafou-me notificando ter mandado inserir o meu artigo nos anais da Câmara Federal.

Medito sobre os pungentes apelos em favor dos presidiários homicidas. Mas sinto a ausência de outros tantos apelos em favor de suas vítimas. Mães que ficaram sem seus filhos, brutalmente assassinados. Esposas viúvas e crianças na orfandade. Requintes de perversidade, em que crianças são estupradas e mortas. Não defendo a pena de morte, porque é preferível um Espírito mau aprisionado na matéria, que lhe limita a ação, a desencarnado pela lei e solto na espiritualidade, obsidiando muita gente. Votaria, portanto, **contra** a pena de morte, não por compaixão ao criminoso, mas pela inutilidade da pena. No entanto, a dureza na regeneração dos criminosos é indispensável. E não me venham falar de "amor". Cada enfermidade exige uma medicação correspondente. Às vezes, uma amputação salva a vida de um enfermo. André Luiz, no livro **Libertação**, págs. 33/34, comentando certas durezas cármicas, de que "não raro os homens são os instrumentos", diz:

"Além disso é necessário reconhecer que, se o lapidário aprimora a pedra usando lima resistente, o Senhor do Universo aperfeiçoa o caráter dos filhos transviados de Sua casa usando corações endurecidos, temporariamente afastados de Sua Obra. Nem sempre o melhor juiz pode ser o homem mais doce..." E mais adiante: "...se o diamante é lapidado pelo diamante, **o mau só pode ser corrigido pelo mau**. Funciona a justiça através da injustiça aparente, até que o amor renasça e redima os que se condenaram a longas e dolorosas sentenças diante da Boa Lei." Leiam o capítulo todo, é excelente!

Claro está que, numa justiça eterna, cósmica e perfeita, não podemos admitir **nenhuma injustiça**. Os injustiçados de hoje são os injustos de ontem. As "vítimas", antigos algozes. O assassinado ou o penalizado oficialmente com qualquer tipo de morte, legal ou não, colhe somente o que plantou. O perdão foi uma engenhosa invenção das classes sacerdotais, para negociar com os benefícios do Senhor ou do paraíso. Ninguém paga, ninguém é perdoado. A vantagem do que chamamos de "perdão" é de nos libertarmos de enleios dos que agora nos ofendem. Mas isso não nos isentará das conseqüências futuras, os quais nos servirão de lições inesquecíveis com vistas à evolução.

Façamos algo pelos encarcerados, mas façamos um pouco mais pelas suas vítimas. Assim faço. Faço conferências em presídios e atendo vítimas atuais dos que estão condenados à prisão.

Dou parceria, agora, a Humberto de Campos, que muito sofreu na sua última encarnação. Espírito brilhante, humanitário, mas extremamente cético. Respeitava todas as religiões, mas sempre esteve afastado delas. Num de seus livros, quando encarnado, **Fatos e Feitos**, editado pela Academia Brasileira de Letras, na primeira crônica, assim se expressa sobre a pena de morte: "Um dos males causados ao mundo moderno pelos hebreus foi a instituição do direito de matar. Se a Bíblia repousasse sobre uma filosofia mais humana, e não fizesse historicamente o panegírico do fratricídio e da intolerância, a Terra não estaria tão ensopada de sangue, por uma compreensão mais perfeita do Cristianismo... É do hebreu que nos vem o sentimento de vingança e da reação contra aqueles que contrariam a corrente das nossas convicções". E ainda mais: "Entre as suas recomendações fundamentais, o Nazareno **ordenou** (grifo nosso) realmente ao homem que não matasse. Que vale, porém, esse mandamento, se o Antigo Testamento **que o Cristianismo não condenou** (grifo nosso) é um apavorante acervo de crimes contra a vida? Que influência pode ter sobre os homens a palavra do Filho, se o Pai abençoava Abraão porque se prontificava a degolar Isaac, inocente, e Judite, por decepar a cabeça de Holofernes adormecido?"

Humberto de Campos, antes de completar três meses de sua desencarnação, já desfrutava de liberdade de consciência para mandar mensagens pela psicografia de Chico Xavier, as quais, logo constituíram seu primeiro livro póstumo. Notem que André Luiz, segundo **Nosso Lar**, vilegiou sete anos pelo Umbral...

E os igrejeiros católicos, protestantes ou espíritas não asseguram que na Bíblia está a **palavra de Deus**? Como ficamos? Já sei! "Tirar o espírito da letra, porque esta **mata**, e o espírito **vivifica**". O problema é que meu velho amigo, kardecista até a medula, Dr. Carlos Imbassahy, ensinou-me que o tal espírito que vivifica, quase sempre é a fantasia de cada um! Velho sabido, era aquele...

O tumulto das interpretações, traduções, revelações, interpolações, "documentações", lendas criou histórias fantásticas sobre o Velho e o Novo Testamento. Recuso-me a aceitar o que não for claro ao simples raciocínio. Endosso o pensamento de Paul Valéry em seu livro **Observando o Mundo Atual**. Diz ele: "A História justifica o que qualquer um quer. Não ensina absolutamente nada, já que contém tudo e dá exemplo de tudo. É o produto mais perigoso que a química do intelecto produziu"...

*Extraído da **Revista Internacional de Espiritismo**,*
Matão-SP, Julho/92.

JUSTIÇA HUMANA E JUSTIÇA DIVINA

"A Justiça Divina realiza-se, às vezes, através da injustiça dos homens".
Weimar Muniz de Oliveira

O Tribunal Divino está dentro de nós.

Com esta assertiva, o juiz de direito e então vice--presidente da Federação Espírita do Estado de Goiás, Weimar Muniz de Oliveira resume como se processa a Justiça Divina. Assuntos como o erro judiciário, a participação no júri, aborto e eutanásia são também temas desta entrevista de 02/92 de "Goiás Espírita".

1- Como encarar a justiça na Terra?

Há uma Justiça Superior que cataloga, supervisiona e registra todos os movimentos e atos dos seres em todo o Universo.

Com relação ao ser humano, dotado de razão e de sentimento a Providência Divina aperfeiçoa ainda mais o mecanismo de governo.

Se, com pertinência aos reinos inferiores da natureza há um equilíbrio perfeito, de tal sorte que nada se move na imensa criação, como, por exemplo, o despreendimento de uma simples folha de grande floresta, sem que seja do conhecimento e vontade divinas, nenhum átomo de pensamento ou ação humanos passam despercebidos de registro nos anais da Infinita Justiça.

Assim sendo, nenhuma injustiça, por íntima que seja, é suscetível de ocorrer, mas vige, isto sim, quanto a isso, uma das leis cósmicas, com vistas ao progresso, sempre ascendente, para todos os seres da Criação: a Lei de Causa e Efeito.

O progresso realiza-se sempre, no entrechoque dos seres entre si, sob os fatores e circunstâncias os mais variados, ao toque dessas leis naturais que nos regem.

2 - E o erro judiciário, como explicá-lo?

No que se refere ao erro judiciário, cumpre-se nele a

prefalada Lei de Causa e Efeito. Se com o erro judiciário estivesse ocorrendo uma injustiça, no contexto da vida imortal do delinqüente, onde ficariam situadas a Sabedoria e a Misericórdia do Criador? Onde estaria a sua Justiça? Estaria acontecendo o erro judiciário por acaso?

Não resta a menor dúvida de que nos mundos de prova e expiação "a Justiça Divina realiza-se, às vezes, através da injustiça dos homens".

3 - E Deus, condena Ele ao que transgride dispositivos da lei natural?

A infelicidade do homem advém do desajuste de seu procedimento para com as leis da natureza, leis essas que se acham gravadas em sua consciência: O Tribunal Divino dentro dele.

Ações humanas existem que não constituem delitos perante a legislação humana, mas que são, às vezes, crimes hediondos diante da Legislação Divina. Todos esses atos humanos são registrados no Tribunal Divino da consciência, de cuja jurisdição e reparação ninguém escapa.

É a própria consciência que exige do homem a reparação, mais cedo ou mais tarde. Assim, é através da Lei Natural, transcendental e imanente, que Deus governa o Universo. E gravada que está essa lei na consciência do homem, é o próprio homem que julga a si mesmo, a fim de que se ponha em paz consigo mesmo e em harmonia com o Pai, porque em harmonia com a sua Lei, em harmonia com a Natureza.

4 - Diante de tudo isso, qual, então deve ser a posição

do espírita no Tribunal do Júri: condenar o culpado ou absolvê-lo, sistematicamente?

Considerando que não há, a rigor, injustiça em todo o domínio do Criador, em virtude do império de uma gama de leis naturais, a posição do espírita deve ser a de realizar a justiça, conforme os ditames de sua consciência, ao influxo das circunstâncias, fatores e atenuantes diversos, seja condenando ou absolvendo, porque, em última análise, substituirá a justiça, que fica além da sua capacidade de julgamento, além mesmo do juízo do próprio magistrado, que nessa instituição apenas prolata e dosa a sentença.

5 - E com relação à pena de morte, ao aborto e à eutanásia, qual deve ser a posição do espírita?

A vida para os seres humanos em evolução pulsa nos dois planos: ora na erraticidade — mundo espiritual —, ora nos mundos físicos, sem solução de continuidade. É patrimônio indisponível. Falando, porém, da vida no plano físico, quem foi que a concedeu? Só quem deu pode tirá-la.

A vida no plano da matéria é uma belíssima oportunidade de trabalho, experiência e sofrimento necessários. Deus no-la dá a título de mais rápido aperfeiçoamento intelectual e moral. Tirá-la prematuramente é privar o ser humano dessa grande oportunidade de elevação e vilar a Lei Divina, cometendo, pois, o mais hediondo dos delitos. Por isso mesmo, o 5º mandamento do decálogo é incisivo: "não mateis".

Nenhuma razão justificaria qualquer dessas tristes figuras penais de crimes oficiais de Estados ditos civilizados, mas destituídos das lídimas raízes da verdadeira cultura, de cultura no sentido da expressão, que envolve, evidentemente, o fator espiritual.

A prática de qualquer desses atos, mesmo que seja por parte do Estado, por mais respeitável que seja, na aparência, não deixa de se constituir no mais nefando dos crimes aos olhos de Deus e diante de sua lei de harmonia e de amor.

No que respeita ao aborto, diz-se que é benéfico e deve ser praticado na hipótese de aborto necessário ou resultante de estupro. Pode justificar-se no caso de necessidade, a fim de se salvar a vida da gestante, se não há outra alternativa. Quanto ao resultante de estupro, que é também consentido pela legislação penal, não há dúvida, mas que é benéfico, e particularmente para a gestante, há dúvida, sim. O nascituro quer e precisa nascer e não tem nenhuma culpa das circunstâncias porventura ocorrentes. Nem tem culpa, sobretudo, da existência de nossas convenções sociais ultrapassadas.

Com o aborto provocado, pode o candidato a reencarnante constituir-se em inimigo ferrenho de quem lhe seria futura mãe, perseguindo-a e obsidiando-a, tenazmente, o que pode perdurar por todo o restante de sua vida terrena.

Relativamente à eutanásia, é a ignorância generalizada, mais uma vez, que o homem tem a respeito de si mesmo, de sua origem espiritual, que pode justificá-la. Ignora, ou faz que ignora, que nos últimos momentos de dor e agonia, o Espírito, prestes a libertar-se, redime-se, às vezes, de inúmeras dívidas pretéritas e assume resoluções para o porvir de inapreciável importância para sua vida imortal.

Ainda quanto à eutanásia, é de boa oportunidade transcrever, aqui, o fato que meu particular amigo, irmão e colega desembargador Pedro Soares Correia, registra em seu livro, recém publicado, "Da eutanásia" (Livraria Três Poderes, 1991, págs. 40/41), que é o seguinte:

É por demais convincente o exemplo daquele médico parisiense, citado por Estácio de Lima: "Adoece, de uma feita, a vários quilômetros de Paris, formosa criancinha. Seu pai, médico, desvela-se em cuidados. Era, porém, temerosa a moléstia, difteria. Ascendiam os óbitos naquela época, da terrível doença, à cifra espantosa de 99%. O pai valeu-se de tudo que possível para salvar a filha. Vieram os fenômenos asfíxicos. A cianose da face era, então, o sinal precursor da morte! Consultara, em desespero de causa, os colegas de Paris. Nenhuma resposta. Doía-lhe ao infinito, o espetáculo da ansiedade sem cura da pobrezinha. Pensa, nesse instante, em abreviar o desfecho. Uma injeção de ópio muito forte que aliviasse tudo... Pensou e fez! Não falhou o tóxico. Veio, cedo, a serenidade definitiva..."

Depois, o enterro, a volta do cemitério, o pranto, a saudade imensa e a sensação de um cruel dever cumprido... É quando, de súbito, lhe anunciaram um telegrama que dizia assim: "Roux acaba de descobrir o soro antidiftérico, aplicando-o com êxito. Aguarde remessa..." O exemplo é de uma realidade flagrante.

Extraído de ***Goiás Espírita,*** *02/92.*

FORÇA E VIOLÊNCIA

Gil Restani de Andrade

"A violência jamais resolverá uma questão que não pode ser resolvida pacificamente".
Gandhi

A força é uma palavra de dupla significação, podendo significar tanto a energia ou capacidade física quanto a energia moral.

Quando empregada no sentido de energia moral, independe da potencialidade física de seu possuidor. Muitas criaturas franzinas de físico revelaram-se excepcionalmente fortes, moralmente. Assim ocorreu com diversos grandes personagens da História, em todos os tempos.

Depreende-se, assim, que a força moral advém do Espírito da criatura, nunca de seu corpo físico. Todo "O Evangelho Segundo o Espiritismo" está voltado para a excelência e o valor extraordinário da força moral em detrimento da violência, da arbitrariedade e autoritarismo. Na introdução da obra, o Codificador Allan Kardec ressalta tal condição, destacando Aquele que foi, inegavelmente, seu maior cultuador e exemplificador: Jesus.

A violência é a corrupção da força moral e o abuso da força física.

Ainda temos vivas, em nossa memória, as imagens que nos foram trazidas pelos jornais e pela televisão, do brutal massacre de um número desconhecido de chineses, em sua maioria, estudantes, ocorrido, contraditoriamente, no logradouro intitulado "Praça da Paz Celestial", em Pequim.

Ali estava o exemplo mais recente do abuso da força, da violência.

Paulo de Tarso, "o indômito da fé", em sua segunda carta aos Coríntios, de forma aparentemente paradoxal, afirma: "É na fraqueza que está a nossa força". (II Cor - 12:9)

O Mahatma Gandhi, a "Grande Alma" dos hindus, libertou o seu país do poderosíssimo império inglês, pode-se afirmar, sem receio de incorrer em equívoco, empregando exatamente esse magnífico ensinamento do "Apóstolo dos Gentios". Abeberava-se, contudo, do "Bhagavad Gita", adotando duas posturas maravilhosas: Ahimsa e Satyagraha — Não Violência e Verdade, respectivamente. Assim, afirmou, certa feita: "A humanidade só pode ser salva pela não-violência, que é o ensinamento central do Cristianismo".

O "Grande Pai da Índia" sabia que a violência é uma força de quantidade — física, por conseqüência — a força moral é de qualidade, advinda do Espírito. E lecionava: "Creio que a não-violência é infinitamente superior à violência e que o perdão é bem mais viril que o castigo". Inevitável a lembrança do Mestre Jesus, do alto do madeiro, nas vascas da agonia, submetido a uma injustificável violência, ainda reunindo forças para erguer a fronte e pronunciar a maravilhosa frase: "Pai, perdoai-lhes, pois que não sabem o que fazem".

A humildade é, em geral, entendida como sinônimo de fraqueza física; é, contudo, um complemento da força moral e degrau básico para o alcance de outras virtudes: a prudência, o senso de justiça e a temperança. Está intimamente ligada com a caridade. O orgulhoso não pratica a verdadeira caridade: concede-a. Sócrates pronunciou uma das grandes máximas da filosofia, demonstrando a largueza de seu Espírito Missionário: "Eu só sei que nada sei". José Grosso, Espírito que com o nome, "oculta a própria grandeza", diz--nos em sua "Receita para Melhorar": "Lubrificante na Cerviz", para que saibamos sobrelevar os ensinos maiores, submetendo nossa mente ao Bem, ao Amor e às Virtudes, abaixando nossa cabeça ante elas.

Outro extraordinário exemplo de força moral concedeu-

-nos o nosso Imperador D. Pedro II, com seu soneto "Grande Povo", elaborado posteriormente à sua deposição, já exilado em terras de França:

GRANDE POVO

Desfalecido, errante, forasteiro,
Já das sombras da morte circundado,
Súbito ouvi: "Ressurge! Que extirpado
Foi no Brasil p'ra sempre o cativeiro."

Presto a fugir, o alento derradeiro
Volveu-me ao coração quase parado:
Grande povo! Exclamei, "Povo adorado",
Entre os demais da Terra, és o primeiro!

Traguei depois o meu cálix de amargura:
Mas da Verdade a Lei não há quem mude:
Grande Povo, eu dissera entre torturas,

Grande Povo no brio e na virtude!
Sê feliz, goza em paz as mil venturas
Que despertar-te quis e já não pude!

Com esses versos, o ex-monarca, "o mais republicano dos imperadores", como foi um dia chamado, demonstra cabalmente que a força moral é a geratriz da energia que nos impulsiona na senda do Bem e que a violência, sem essa força, paira, extemporaneamente, aqui e ali, mas não se afirma nem se sedimenta, sendo fugaz, como fugazes são todas as corrupções das Leis Divinas ou Naturais.

*Extraído de "**O Clarim**", 15.12.92.*

COMO FREAR A VIOLÊNCIA

Antonio Fernandes Rodrigues

É natural que a evolução não dê saltos, avança lentamente pelo caminho do aperfeiçoamento moral e intelectual. Mas, quando lemos sobre a época gloriosa da civilização helênica ficamos admirados pela existência dos grandes cientistas e filósofos que vieram séculos antes de Cristo.

Quando nos lembramos de Pitágoras (VI a.C.), Sócrates (470 a 399 a.C.), Demócrito (460 a 370 a.C.), Heródoto (484 a 420 a.C) e tantos outros ficamos admirados que nesses recuados séculos houvesse criaturas dessa grandeza. Mas não foi somente na Grécia que houve tantos gênios, mas também na China, Pérsia e Babilônia.

O século VI a.C. foi uma época marcante, não só na Grécia, mas também em outros países, como o caso do faraó Necho (que proporcionou a circunavegação) da África; Zoroastro, na Pérsia; Confúcio e Lao-Tsé, na China; e os profetas judeus em Israel, Egito e Babilônia, bem como Buda, na Índia.

Embora atualmente o homem tenha ido à Lua, construído os computadores e fabricado remédios para quase todos os males físicos, moralmente estamos bem atrasados, tendo em vista o que presenciamos na televisão e lemos nos jornais e revistas. A violência, a pornografia, o terror, as drogas, como também a poluição e as armas atômicas apavoram a humanidade.

Diante dessa situação tão lamentável, será que teremos condições de frear essa tendência malévola do ser humano para com ele e a natureza?

Creio que não, se não houver a separação do joio do trigo, conforme consta dos evangelhos.

Assim como houve a submersão da Lemúria e da Atlântida, é bem provável que brevemente tenhamos uma modificação no eixo da Terra e os pólos mudem de posição, como aconteceu nas vezes anteriores.

E essa desencarnação em massa não é uma punição de

Deus, apenas um fenômeno natural, transferindo grande contingente de terráqueos para mundos inferiores, pois tudo evolui, inclusive a Terra, que deixará de ser de expiação para ser de regeneração.

Como esse procedimento ocorre também nos outros mundos, é evidente que de planetas superiores ao nosso virão os que ali não poderão permanecer porque passarão à categoria dos mundos felizes, transferindo-se para o nosso porque não acompanharam a evolução do mundo em que deixaram.

A imigração por esse motivo já ocorreu, com a vinda dos capelinos, ou seja, a chamada raça branca, mencionada no livro "A Gênese", de Allan Kardec, com o nome de raça adâmica.

Como naquela época, eles aumentaram o contingente de intelectuais deste planeta, como também melhoraram o nível moral.

Essa será a solução para melhorarmos as condições morais dos habitantes deste planeta, que passará a ser de regeneração.

CRIMINALIDADE

Deolindo Amorim

O aumento da criminalidade nos dias atuais, em proporções verdadeiramente alarmantes, podemos dizer no mundo inteiro, está provocando muito interesse pela Criminologia, que era a bem dizer uma ciência circunscrita ao domínio dos especialistas. Principalmente depois da II Guerra Mundial, com maior explosão da violência, ora na forma primária de eliminação brutal, ora com requintes de perversidade friamente calculada, a preocupação com o crime tornou-se um estado de espírito generalizado, porque todos estão inquietos, para não dizer amedrontados. Não é um problema apenas dos grandes centros urbanos, pois também há violência e crime nas zonas rurais e menos populosas. Mas a incidência é maior e mais freqüente nas cidades de população mais concentrada, onde é mais forte a confluência de fatores predisponentes. E nenhum sistema de vigilância e defesa da pessoa humana consegue conter a impetuosidade do crime. Estamos diante de verdadeiro fenômeno de patologia social, sob este ponto de vista. A sociedade tem o seu lado bom, nas manifestações de pureza, dignidade, amor ao próximo, mas tem as suas doenças, como nos organismos biológicos. E a criminalidade é uma dessas doenças.

Justamente por causa das dolorosas circunstâncias em que se encontra a sociedade, a Criminologia deixou de ser simples disciplina acadêmica, então configurada nos círculos mais restritos de estudos, e passou a ser, na realidade, um campo aberto a vários tipos de inquirições e reflexões sérias. E quem é, no momento, que não está querendo as luzes de uma ciência que seja capaz de oferecer soluções, ou, pelo menos, explicar as causas da criminalidade, que é um problema absorvente? Mas a Criminologia, justamente por ser uma ciência, e toda ciência há de passar por um processo de evolução, não pode indicar uma receita única nem consagrar uma fórmula geral e definitiva. Entre os especialistas, há muita discussão, notadamente quanto às causas. Seja como for, ela está em seu grande momento. Até mesmo no ângulo da cultura geral, que é o mais comum, suas elucidações atualmente se fazem muito necessárias.

Aliás, como nenhuma outra ciência, a Criminologia não é em tudo por tudo autônoma, como se fosse uma ilha sem comunicação. Tem, ela, necessariamente, relações com diversos ramos do conhecimento científico. Com o Direito antes de tudo, não apenas no campo penal, mas na própria estrutura jurídica, porque estuda um fenômeno que ameaça o equilíbrio social. Com a Endocrinologia, ao mesmo tempo, porque o estudo das glândulas está cada vez mais associado à etiologia criminal. O psiquismo, além do componente espiritual que existe na personalidade humana, com sua bagagem reencarnatória, depende da tiróide e das glândulas sexuais, como é sabido, daí a síntese de Nicola Pende:

A beleza — harmonia das formas;
A saúde — harmonia das funções;
A bondade — harmonia dos sentimentos;
A sabedoria — harmonia da inteligência.

Como vínhamos dizendo, a Criminologia tem relações com a Psiquiatria porque fere diretamente o aspecto patológico da criminalidade. Com a Psicologia, porque o estudo da delinqüência tem muito o que ver com a repercussão dos distúrbios glandulares no psiquismo e, portanto, na definição da personalidade doentia. Com a Sociologia, porque não se pode interpretar o fenômeno da criminalidade com abstração do meio social e das influências concorrentes na sociedade. Com a Antropologia, em suma, porque os padrões de cultura, com os seus valores, atualmente estão sendo levados muito em conta nas reações contundentes.

• • • • • • • • • •

Não se pode ter uma visão única do problema criminal.

Os próprios mestres no assunto, pelo que se lê, estão divididos quanto aos fatores determinantes. Enquanto os autores que se fixam muito na Endocrinologia atribuem às glândulas uma força preponderante na delinqüência, dando a impressão de que o indivíduo levado ao crime é um joguete de seu sistema endócrino e, portanto, irresponsável, desde que determinada glândula não esteja funcionando bem, os partidários da explicação social já entendem que a força determinante está nas pressões do meio em que vive. Neste caso, é o meio social, e não os distúrbios glandulares que deve ser responsabilizado pelo caldo gerador da criminalidade. Outras opiniões existem encarando o problema pelo lado patológico capitulando o criminoso entre os doentes...

Se é verdade que nenhuma explicação daria, por si só, a chave da interpretação certa, não deixa de ser verdade, entretanto, que em todas elas, pelo menos em síntese, há observações válidas e, por isso mesmo, não podem ser desprezadas na consideração global do problema.

Que o organismo tem muita influência no

comportamento, não há dúvida, pois a experiência cotidiana está aí, apresentando casos e mais casos. A desordem do mecanismo de certa glândula pode determinar atitudes irrefletidas e violentas. Quando há um órgão doente, poucos, relativamente, são os indivíduos que são capazes de controlar seus impulsos ou medir as conseqüências de seus arrebatamentos ou de suas depressões. Não é sem motivo que o jargão corrente fala em indivíduos de "maus bofes"... Dizem os entendidos que o fígado é responsável por muitos desatinos e destemperos de linguagem. Entendamos que ainda não chegamos a analisar o tema sob a ótica espírita. Faremos isto mais adiante. O caso é que há muita correspondência entre o psíquico e o orgânico. Nem é preciso recorrer a tratados de Psicologia ou de Fisiologia para saber disto. Os casos estão na experiência comum.

Na avaliação, porém, dos fatores sociais, que são atualmente dos mais sensíveis, está bem claro que a miséria (não propriamente a pobreza) concorre intensamente para a criminalidade. E a miséria material predispõe à miséria moral. Uma criatura faminta, abandonada e desesperada, revoltada contra tudo e contra todos, não tem condições de discernir em relação a princípios morais. Guia-se pelo instinto de sobrevivência, mas cegamente, disposta a enfrentar todos os riscos. Têm razão, portanto, devemos reconhecer sensatamente, os que enfocam muito a força dos fatores sociais na criminalidade. Como, porém, o ser humano é muito complexo, e cada criatura é um mundo próprio e desconhecido, naturalmente nenhuma posição interpretativa deve ser tomada em sentido absoluto ou integral, ao que nos parece.

Dentro do quadro social, por exemplo, ao lado da miséria, que aumenta espantosamente (!), há outros elementos que também devem pesar bastante na conjuntura. Um deles, constantemente proclamado, é a ignorância, e, com efeito, até certo ponto ela, a ignorância, contribui muito para o aumento de atos violentos. Mas o crime não é fruto exclusivo da ignorância. Quantos crimes, e crimes tenebrosos, estão ocorrendo constantemente entre elementos de países considerados "altamente civilizados"?!... Porventura são analfabetos todos os malfeitores que enchem as crônicas criminais em diversos países da América e da Europa, a despeito da cadeira-elétrica, e de outros meios repressivos de eliminação? Evidentemente — não! Claro que se deve combater a ignorância, já que a instrução é uma das necessidades básicas da sociedade. Todavia, é indispensável erradicar, antes de tudo, as causas da criminalidade.

• • • • • • • • • •

É agora que entra a Doutrina Espírita.

Veja-se a questão 930 de O LIVRO DOS ESPÍRITOS: "Numa sociedade organizada segundo a Lei do Cristo ninguém deve morrer de fome".

O que está faltando na civilização é justamente a

Mensagem do Cristo. Ataca-se muito a ignorância, mas é necessário observar e sentir o problema da criminalidade através de uma conjuntura, e não por um aspecto apenas. É muito importante abrir escolas, o primeiro empreendimento ou seja, o foco inicial de luz. Todavia, o simples preparo intelectual sem uma boa educação, sem uma formação moral capaz de penetrar a alma, sem amor, pode transformar-se em instrumento perigoso, se o homem não souber fazer bom uso do que aprende. Assim, o caso não é **instruir**, apenas, porque a instrução é um meio, não é o fim em si. O caso é **educar**, acima de tudo. Como já se disse muitas vezes, a instrução informa ao passo que a educação forma.

Nesta linha de idéias, podemos fazer uma verificação muito expressiva. O pensamento da Doutrina Espírita sobre esses problemas, que estão atormentando a Humanidade atual, foi expresso há mais de cem anos e, nada obstante, retrata o que está acontecendo hoje. Leia-se o comentário de Allan Kardec à questão 685 do mesmo livro já citado, tocando exatamente no desemprego como fator de convulsão social. Reproduzamos o texto do Codificador:

"Dizer que o homem deve trabalhar não é dizer tudo. É preciso que aquele que tira a subsistência de seu trabalho, encontre em que ocupar-se. E isto nem sempre se dá. Quando se generaliza a falta de trabalho, o caso toma as proporções de um flagelo, como a fome."

E não é a dura realidade do momento? Mas o

Codificador vai mais longe quando afirma, no mesmo trecho mais o seguinte: "A ciência econômica procura o remédio no equilíbrio entre a produção e o consumo. Mas este equilíbrio, admitido que se tornasse possível, terá sempre intermitências e durante os intervalos os trabalhadores devem viver. Há um elemento que não foi suficientemente considerado na balança e sem o qual a ciência econômica não passa de teoria: a educação".

Educação puramente formal ou de verniz?

Obviamente que não. Por isso mesmo, Allan Kardec frisa bem o seu pensamento: "Não a educação intelectual, mas a educação moral; não a educação livresca, mas a que consiste na arte de formar caracteres, que dá hábitos."

Kardec próprio define a educação como sendo o conjunto de hábitos adquiridos.

• • • • • • • • • • •

Apesar da grande contribuição dos tratadistas, cada vez mais preocupados com as causas e a expansão da criminalidade no mundo, embora entre eles haja interpretações divergentes, não podemos perder de vista a orientação básica do ensino espírita. Já vimos que a Criminologia é uma ciência que se socorre ora do Direito, ora da Psiquiatria, da Psicologia, da Sociologia e assim por diante. A Psiquiatria, por exemplo, tem meios para revelar o quadro patológico dos indivíduos portadores de desequilíbrios, ainda que as aparências nem sempre denunciem anormalidades. Criminalidade e insanidade são termos muito próximos, tanto que esta última atenua a culpabilidade, pois o doente mental é um irresponsável.

Mas a Psicologia, embora ocupe uma área vizinha, tem outras lentes de análise, com as quais identifica certos delinqüentes como tipos recalcados ou frustrados, sempre inconformados e desajustados em qualquer grupo social. Envenenados espiritualmente pelas frustrações ou pelo despeito, tais elementos podem provocar conflitos de conseqüências imprevisíveis por motivos pueris.

Há outras visões do problema. Os chamados crimes de honra, por exemplo, sob o pretexto de lavar a honra com sangue, embora tenham sido incentivados muitas vezes pelo irracionalismo de uma personalidade doentia — podem estar vinculados, ainda que remotamente, a três fatores conjugados, a saber: preconceito, declínio social e defeito de educação.

Muitas lutas de família, noutros tempos, tiveram como ponto de partida exatamente o empenho da honra! Nesta categoria, é bom acentuar, já foram catalogados muitos homens bem intelectualizados, e não apenas analfabetos. Logo, o caso não é apenas de ignorância. Por causa de um preconceito enraizado (de cor ou de raça, de posição social também), quando é aceito e imposto pelo grupo, condiciona o indivíduo de tal maneira que ele é capaz de odiar, brigar e até matar alguém porque a alma está enceguecida. A noção de honra passada pelos valores do grupo social só admite uma única opção digna: a desforra física!

Assim, se a educação é falha ou convencional, porque calcada em discriminações preconceituosas ostensivas, temos aí um ponto de referência muito sensível para o estudo da criminalidade, cujas origens não podem ser procuradas apenas na Psiquiatria, nas faixas das doenças chamadas de "personalidades mórbidas". Os valores que o indivíduo cultiva, não raro através de uma herança social que passa de geração a geração, têm esses valores muita influência no comportamento. Isto porque, para não discrepar dos padrões do grupo ou das concepções dominantes na sociedade em que vive, muita gente agride na presunção de estar sendo fiel às idéias que lhe modelaram a personalidade pois sob essa predominância de idéias é que se elaborou todo o processo de sua educação. Desta maneira, conflitos fechados podem tornar-se abertos, criando incompatibilidades irreconciliáveis. Uma vez exacerbadas, qualquer motivo serve de estopim de uma explosão emocional. O conflito degenera em crime.

Mais uma vez se confirma, então, a visão realista de Allan Kardec, quando realça a importância da educação. Mas de uma educação que seja capaz de corrigir preconceitos e substituir velhas noções deformadas. O conceito de honra, distorcido por uma formação profundamente prejudicada por idéias preconceituosas, já provocou tragédias em ambientes desde os mais obscuros até nas camadas mais esclarecidas (pelo menos é o que se presume) da sociedade.

Quando, por outro lado, a educação mediante as informações atinentes à vida espiritual e aos valores morais consegue modificar este conceito e formar uma mentalidade nova, mais arejada, mais espiritualizada, naturalmente não será difícil compreender que ninguém lava a honra com sangue!... Embora honra seja um valor muito subjetivo, não deve ser entendida como o melindre que se sente ferido até mesmo por uma palavra inadvertida justamente por ser conceito alimentado de prevenções e de desconfianças artificiais. Não. Honra deve ser compreendida como dignidade, como nobreza espiritual, fora e muito acima das criações convencionais. Sendo assim, não pode ser lavada com sangue, como é previsto naqueles grupos sociais onde se admite ou mesmo se impõe o revide brutal.

• • • • • • • • • • •

Se o meio social tem realmente influência em muitos conflitos sangrentos, há quem atribua ao meio natural, por sua vez, alguma participação no problema criminal, encarado no âmbito regional ou por contingências mesológicas ou ambientais de ordem local. O que se pretende por assim dizer é que as condições físicas (a terra, a paisagem, a topografia, etc.) de certo modo agravam as reações coletivas e individuais.

Nesta ordem de idéias, dá-se o clima, por exemplo, um quinhão de interferência nos ímpetos de agressividade, de impaciência, de rebeldia. Diz-se que a temperatura muito quente pode precipitar uma crise de conseqüências fatais, pois o calor altera o estado de espírito e a reflexão serena, segundo a hipótese aqui referida. Concomitantemente, a teoria do **determinismo geográfico**, teoria que, aliás, chegou a formar escola e teve ilustres adeptos, condiciona muito o caráter de certos movimentos à configuração do terreno. Se há entrechoques surpreendentes sob o calor intenso, também há conflitos tremendos sob estação fria. Há quem mate por causa da fome, tanto faz na planície quanto na montanha, no inverno ou na primavera. Há quem mate de ódio ou de medo... E quantos já se desviaram apenas pelo desejo de se tornarem famosos ou aparecerem nos jornais! É o reflexo de um psiquismo primário. (...)

Justamente por ser um desvio da normalidade, conjugado a causas muito complexas, a criminalidade é um desafio não somente ao Estado e aos especialistas, mas a todos quantos pensam seriamente na melhoria do homem, seja qual for o plano social ou intelectual em que se encontre. A ótica, porém, não pode ser a mesma em todas as circunstâncias. E antes de terminar nossas considerações com a luz da Doutrina Espírita clareando o nosso entendimento, de passagem lembraríamos ainda algumas sugestões clássicas, já bastante discutidas. Senão, vejamos ainda:

Se alguns interpretam a tendência maléfica da hereditariedade por via do equipamento genético, outros (como César Lombroso na famosa teoria do criminoso nato) acreditavam na conformação craniana. Neste particular, a Doutrina Espírita é de uma clareza insofismável quando nos ensina que os pais transmitem uma contribuição de traços e de elementos plasmadores da organização morfológica (cor da pele, tipo de cabelos, formato do nariz, cor dos olhos, etc.). Mas os pais não transmitem nunca as qualidades espirituais nem os compromissos pretéritos.

• • • • • • • • • •

A Doutrina Espírita fornece-nos valiosos subsídios para a compreensão da criminalidade. Vejamos que subsídios são estes:

a) no cômputo geral dos fatores desta problemática tão atual em nossos dias, o ser humano sofre, até certo ponto, a influência do corpo e, por isso, as reações e atitudes muitas vezes têm relações estreitas com distúrbios e deficiências físicas;

b) o ser humano absorve ao mesmo tempo influências diversas, e não apenas glandulares, pois nele se polarizam reflexos do meio físico, do meio social, do acervo cultural, assim como da educação e da crença religiosa;

c) sendo o ser humano, porém, um **ser reencarnado**, com personalidade, com compromissos e experiências próprias, pois os Espíritos são desiguais, é natural que cada qual reaja de um modo e, por isso mesmo, nem todos cedem passiva e facilmente a influências do organismo ou do ambiente.

Com esta perspectiva, diante dos textos espíritas, não podemos atribuir aos fatores orgânicos e ambientais uma influência determinante ou inevitável em todos os casos. Não. Há influências, sim, pois os elementos internos e externos interagem no envolvimento da criatura humana. Mas a predominância desses elementos nas atitudes **depende muito da situação espiritual**. E se assim não fosse, teríamos de negar, forçosamente, o livre-arbítrio.

Se, de fato, há criaturas que são como que **jogadas** pelo temperamento e pelas injunções do meio em que vivem, como se fossem **robôs**, muitas outras, contrariamente, embora tenham doenças incuráveis, ou defeitos que não possam ser corrigidos, conseguem superar as deficiências e **dominar os nervos**, como se diz na linguagem coloquial. Há o determinismo da contenção física ou emocional, sim, porém o livre-arbítrio também existe no fato de o paciente não ceder, não se deixar arrebatar.

Onde está, conseqüentemente, a causa da diferença de reações naqueles que vivem nos mesmos meios e trazem no corpo os mesmos problemas?

Pela lógica da reencarnação, a diferença está na desigualdade dos Espíritos. Os Espíritos reencarnam em situações diversas: provas, missões, expiações... É certo que o organismo exerce influência no Espírito, mas a influência é recíproca. Quanto mais se desenvolve o Espírito, moral e intelectualmente, menos forte será a ação da matéria em suas inclinações. Este ponto aparece muito bem explanado em O LIVRO DOS ESPÍRITOS, questão 367 e seguintes. O determinismo, portanto, é relativo, assim como o livre-arbítrio. Mas não se excluem. Demais, não há fatalidade naquilo que diz respeito aos atos morais, como também aprendemos em O LIVRO DOS ESPÍRITOS na questão 861.

• • • • • • • • • •

(...) Se, realmente, os fatores orgânicos, emocionais, ambientais ou mesológicos, onde se enquadram também os sociais, se estes fatores estão associados a certas atitudes violentas, convém notar, por outro lado, que a educação, a fé esclarecida, o bom exemplo, o tratamento afetivo contornam muitos problemas e neutralizam o ódio e a revolta. Quando a criatura humana é despertada ou encontra a sua **estrada de Damasco** — modifica-se profundamente. A fera humana, dominada pelo desespero ou pelo instinto sanguinário, pode transformar-se no homem cordato e prestante, se for bem orientado em relação à vida espiritual e à Justiça Divina. A Mensagem do Cristo penetra nas almas mais rudes, como nos corações mais endurecidos. A sugestão muito insistente pode desviar muita gente do bom caminho e abrir um abismo para os crimes; mas também a sugestão caridosa, dirigida no sentido de fazer o Bem, é uma força poderosa e, por isso mesmo, capaz de contrabalançar os efeitos da sugestão ruinosa.

(...) Os diagnósticos sociais ainda não se interessam pelo argumento reencarnacionista, mas também não explicam satisfatoriamente as antipatias e aversões entre irmãos, entre pais e filhos, entre colegas, etc. Por que se repelem irmãos do mesmo sangue? Se, afinal, não houve neste mundo, motivo para este ódio, qual a causa? Herança? Avaria de alguma glândula? Estrutura cerebral? Não há explicação fisiológica porque é problema inerente ao espírito. São criaturas rivais, de outras existências, agora reencarnadas sob o mesmo teto para o necessário reajustamento. As antipatias podem levar à luta e ao crime, mas podem ser desfeitas pela mudança de idéias, quando cada qual cai em si e toma a disposição de apagar a "mancha" do passado. O progresso há de vir, mais cedo ou mais tarde...

A supremacia do Espírito, ao estancar os assomos de agressividade, é uma prova de que o homem não é um autômato. A lição de Hahnemann (o fundador da Homeopatia) em comunicação dada em 1863 e constante do livro O EVANGELHO SEGUNDO O ESPIRITISMO, capítulo IX, nº 10, acerca da cólera, vem ajustar-se inteiramente ao nosso raciocínio de que o corpo e o Espírito se relacionam muito nas atitudes da criatura humana. "Indubitavelmente — diz Hahnemann — temperamentos há que se prestam mais que outros a atos violentos, como há músculos mais flexíveis, que se prestam melhor aos atos de força. Não acrediteis, porém, que aí reside a causa primordial da cólera. " E continua: "um Espírito pacífico, ainda que num corpo bilioso, será sempre pacífico; um Espírito violento, mesmo que num corpo linfático, não será brando..." Vale a pena repetir o que este Espírito ensina na mensagem citada: "O corpo não dá cólera àquele que não a tem, do mesmo modo que não dá os outros vícios. Todas as virtudes e todos os vícios são inerentes ao Espírito. A não ser assim, onde estariam o mérito e a responsabilidade? O homem deformado não pode tornar-se direito, porque o Espírito nenhuma parte tem nisso. Mas pode modificar o que é do Espírito, quando o quer com vontade firme." Se o homem não tivesse possibilidades de se corrigir, ou de vencer a cólera, o desânimo, a degradação moral, não haveria a lei do progresso, como arremata Hahnemann.

É certo que em muitos casos a obsessão incute idéias perniciosas ou lança sementes de ódio ou de desconfiança. Quando, porém, a vítima é bem preparada pelo esclarecimento e pela educação espiritual, ela encontra forças, em si mesma, para reagir às sugestões inferiores.

• • • • • • • • • • •

Convém destacar que o esforço empregado em penitenciárias e favelas, junto a elementos considerados marginais, presta um auxílio considerável à sociedade, exatamente porque é um trabalho de educação e reforma interior. Muitos contraventores e criminosos foram regenerados em prisões e até na vadiagem pela ação educativa e pela suavidade da mensagem espírita, mensagem que reergue e reconduz à normalidade sem imposição, sem o temor de castigos, mas pela clareza e pela exemplificação do amor ao próximo. Muitos caíram ou se deixaram devorar pelos vícios ou foram esbarrar nas grades da prisão justamente porque não conheciam o Cristo. Sem qualquer preocupação de proselitismo, a assistência espírita se reanima cada vez mais na palavra do Cristo, principalmente aos doentes da alma.

Temos aqui, para terminar, um dos mais edificantes exemplos da ação espírita no campo criminal. É um documento que deve ficar na história do Espiritismo no Brasil. O jornal A Flama Espírita, de Uberaba (Minas), publicou uma carta do Dr. Wandyr de Assis, Promotor da Justiça da cidade de Prata, também Minas (jornal de 21/10/81) na qual a autoridade judiciária agradece a eficiente e zelosa colaboração dos espíritas junto aos detentos na Cadeia Pública.

É uma carta escrita em termos tais, que nos comovem pela beleza do depoimento e pela relevância dos fatos relatados. A carta do Promotor é dirigida ao Grupo Espírita "Corações Unidos", daquela cidade mineira. Afirma ele, com toda franqueza, que já verificou *resultados surpreendentes na recuperação de presos, encaminhando-os ao bom caminho, mediante uma pregação sistemática e profícua.* A declaração, como estamos vendo, é de uma autoridade, que reconhece os benefícios prestados pela assistência espírita na Cadeia.

Em expressões repassadas de nobreza espiritual, apesar de sua condição de católico romano praticante, o Promotor Wandyr de Assis realça o trabalho espírita e toma como exemplo de regeneração o seguinte caso: *Será ainda lembrado o nosso amigo Célio de Oliveira, homem devotado ao crime, incorrigível cidadão, que sempre se colocou diante dos guardas e pedia para ser surrado, pois era indomável. Indiciado em mais de cem delitos, entretanto, após algumas leituras do Evangelho e ouvir os elucidários deste maravilhoso Grupo, deixara para trás o embrutecimento de suas atitudes, para encontrar a paz, o carinho e a vida social. Deixou a cadeia para se tornar realmente um homem de bem.*

Sente-se muita inspiração cristã nas palavras do Dr. Wandyr de Assis. Grande trabalho, portanto, realizado com zelo, dedicação e perseverança. Mais uma prova de que a Doutrina Espírita educa e reforma.

PENA DE MORTE

Celso Martins

Até certo ponto entende-se que alguém, como que traumatizado diante da onda de violência que assola as grandes cidades e mesmo muitas áreas rurais, deseje a inclusão da pena de morte no Código Penal Brasileiro.

Vai então aqui, mais uma vez, exposta a posição da Doutrina Espírita acerca de um tema tão delicado, tão grave, tão atual no mundo em que vivemos neste final de século XX.

O Espiritismo é totalmente contrário à pena de morte!

Para desenvolver nosso raciocínio, iniciamos citando uma admirável frase de Dostoiewsky, o famoso escritor russo (1821-1881): "Matar para punir um delito é, sem comparação, uma punição maior do que o próprio delito". Quer-nos parecer que a pena de morte representa como que uma vingança contra o criminoso, não lhe abrindo as portas de uma possível recuperação posterior.

Por isso mesmo, sempre repetimos outra frase admirável, agora do escritor patrício Coelho Neto (1864-1934): "O carrasco pode suprimir o criminoso, mas a miséria mantém o crime."

O Espiritismo é, convém repetir, visceralmente contrário à aplicação da pena capital porque é uma forma simplista e ingênua de tentar resolver problemas graves com a mera eliminação física do criminoso, a despeito de se saber que muitos países a adotam, põem-na em prática e nem por isso neles deixa de existir, até em altos índices, a criminalidade. Conforme podemos observar através da mediunidade bem conduzida, quer dizer, o fato mediúnico direcionado para o consolo e o esclarecimento de encarnados e de desencarnados, após a morte, o Espírito, isto é, a essência de todos nós, continua na mesma condição em que se encontrava antes de passar para o outro lado da Vida. Assim, se na vida orgânica era raivoso, violento, vingativo, os mesmos sentimentos serão por ele alimentados e poderá transformar-se em um tremendo obsessor atormentando as criaturas, influindo sobre o temperamento daqueles encarnados que também estão na mesma faixa de vibração de raiva, de violência, de agressividade.

Isto quer dizer, mais precisamente o seguinte: A sociedade pensa que, com a forca, com a cadeira elétrica, com o pelotão de fuzilamento, com qualquer outra eliminação do criminoso, dele estaria livre. Ledo engano! Sem maiores dificuldades ele poderá voltar a tirar a paz e o sossego da mesma sociedade mediante uma ação invisível e, por isso mesmo, muito mais perniciosa e subreptícia!

• • • • • • • • • •

Desejamos, porém, voltar à frase de Coelho Neto. Não se trata de discurso em cima de teorias vazias, não é uma simples discussão bizantina, como se vivêssemos, como admitia Leibniz (1646 - 1716), no melhor dos mundos habitados , não é uma simples pregação religiosa, não. Estamos diante de uma situação grave, de um quadro inquietante, de uma questão de profunda natureza social, intimamente relacionada com as condições de vida e com o sistema educacional vigente no país.

Coelho Neto fala em miséria a manter o crime. E por miséria não devemos pensar apenas no lado material, não. Haveremos de enfocá-la também do ponto de vista moral e espiritual, tão danoso este aspecto como o anterior. Permitido nos seja utilizarmos dados da Organização das Nações Unidas os quais nos mostram claramente que os anos 80 constituíram um verdadeiro desastre para os países chamados de Terceiro Mundo, porque a média da renda caiu em 10%, aproximadamente, na América Latina, na qual estamos inseridos; e em 25% na África. Os países pobres teriam transferido cerca de 50 bilhões de dólares por ano para os países ricos, em virtude da malfadada dívida externa! E outra vultuosa quantia de 50 bilhões de dólares estaria sendo perdida em exportações bloqueadas pelas medidas protecionistas dos países altamente industrializados do Primeiro Mundo!...

Como estamos a ver, então, a perversa distribuição de renda, a alta concentração do capital nas mãos de poucos, a especulação imobiliária nos grandes centros urbanos, a expulsão do homem do campo (onde aliás encontramos a violência na presença dos latifúndios improdutivos, na matança de camponeses, de meninos, na existência dos bóias-frias), mais ainda, o inchaço das grandes metrópoles com a chegada crescente de migrantes internos que não se ajustam na cidade por falta de habilitação profissional e acabam marginalizando-se na periferia, nas favelas, nos cortiços, nos morros, a presença dos tóxicos (e o álcool não deixa de ser uma droga), tudo isso pode — vejam bem, escrevemos pode, não dizemos que obrigatoriamente isto ocorra) — levar muitos de nossos irmãos desorientados, famintos, doentes, cheios de revolta diante das desigualdades sociais, à prática de desatinos.

Só não enxerga isto quem não quer, por comodismo ou por indiferença a um problema social de tanta e tamanha magnitude.

• • • • • • • • • • •

Aquelas fortunas citadas no parágrafo anterior, destinadas à famigerada dívida externa, bem que poderiam ser convertidas em saneamento básico, em moradas higiênicas para o povão humilde, em equipamentos médicos, em construção e manutenção de escolas profissionalizantes, em empregos condignos evitando os camelôs, os meninos de rua, os indigentes que moram debaixo dos viadutos, nas estradas, etc.

É a miséria material devido o orgulho, o egoísmo de uns ao lado da indolência, da malandragem de outros tantos.

É a miséria material à qual se associa então a miséria moral com o sexo exercido precocemente sem nenhum senso de respeito mútuo, sem nenhuma noção de responsabilidade social, daí a gravidez em menores de 12 a 14 anos, daí a prostituição de meninas, daí o adultério ensinado pelas telenovelas, daí as doenças sexualmente transmissíveis em índices crescentes, inclusive a AIDS.

É a miséria material com a insensibilidade de empresários gananciosos em conluios com políticos desonestos, corruptos, venais.

Esta miséria mantém o crime, embora a pena de morte

aniquile o corpo deste ou daquele criminoso, desde que ele não seja de colarinho branco!

• • • • • • • • • •

Naturalmente, num momento de profundo desalento, o filósofo Jean Jacques Rousseau (1712-1778) teria afirmado que os homens são maus e seriam piores se nascessem sábios.

Não padece dúvida de que existe muita gente ruim neste mundo. Gente que mata, gente que rouba, gente que trapaceia, gente que não se peja de pisar em cima do fraco, do enfermo, do velho, da criança, da gestante. Pior que isto: gente que prega uma coisa e faz, depois, coisa totalmente diferente, desde que leve vantagem. Gente que prega o amor e respira ódio. Gente que ensina a caridade e semeia a vingança. Gente que preconiza a humildade mas é um poço de orgulho e de vaidade.

No entanto, pediríamos a atenção dos leitores para este detalhe importantíssimo: antes de ser mau, o indivíduo é ignorante. E quando dizemos aqui e agora "ignorante", não queremos ofender a quem quer que seja, pois que nós nos referimos à ignorância espiritual. Não fazemos alusão à cultura acadêmica, que se aprende nas escolas, que se aprende nos colégios, nas universidades, junto aos livros e aos professores, não... Nós nos referimos à cultura do espírito, ao amadurecimento espiritual da criatura.

É óbvio que a instrução é importante, sim, porque possibilita ao ser humano acesso ao saber, a uma profissão também. Todavia, não podemos ignorar a importância muito maior da moralidade. Kardec, em OBRAS PÓSTUMAS deixou-nos uma página sobre as aristocracias que deveriam dirigir a Humanidade num futuro bem próximo. O Codificador não depreciou o valor da intelectualidade, porém chamou-nos a atenção de que um homem muito culto e poderoso poderá ser nocivo à sociedade se não tiver retidão de caráter, dignidade no trato da coisa pública, sensibilidade para com os problemas dos que estão na base da pirâmide social, se formos usar aqui a famosa pirâmide do sociólogo Pareto (1848-1923).

Consoante as anotações de Kardec, os dirigentes das nações sem dúvida alguma devem ter conhecimentos técnicos de Administração, de Economia e coisas do gênero, sim, cercando-se de uma equipe competente e laboriosa. No entanto, hão de conduzir-se com moral ilibada porque é esta a única maneira de ser resolvido o problema das misérias materiais do mundo em que vivemos.

Dentro desta ordem de pensamento, queremos analisar a questão dos bens materiais. Analisando-se o viver humano sem exaltação dos ânimos, chega-se à conclusão de que só somos donos daquilo que poderemos levar conosco em chegando a hora inevitável da morte. Tudo o mais se constitui em empréstimos, coisas que nos são emprestadas temporariamente e que, um dia, queiramos ou não, haveremos de prestar contas à própria Vida. E na hora desta prestação de contas, não haverá como subornar o juiz porque diante da consciência seremos a um tempo réu e juiz!

Nem do corpo físico somos donos. Iremos largá-lo num canto qualquer. Dinheiro, posição política, beleza física, diplomas universitários, móveis e imóveis, saldos bancários rendendo milhões e tudo o mais, são, convém repetir, empréstimos que devemos pôr em ação para o benefício do semelhante e em nosso benefício também. Assim como hoje os temos, amanhã deles poderemos estar privados. Bem sei que o egoísmo não nos deixa ver coisas tão óbvias, tão claras, tão... evidentes!

Nossos são os talentos do Espírito como a paciência, a fé, a esperança, o otimismo, a vontade de vencer, o desejo de ser útil ao próximo, a alegria de servir o semelhante. São tesouros nossos jamais roubados pelos ladrões, corrompidos pelo tempo, pela ferrugem, pelos cupins... Ah! Houvesse no coração humano esta verdade clareando o seu caminho, queremos crer haveria menos criminalidade no seio da família humana.

• • • • • • • • • •

Então, pior do que a miséria material é a miséria moral e espiritual. É o descumprimento, é a desobediência das Leis Morais que regem a Vida. Aquele que sabe que, mais cedo ou mais tarde,vai receber da vida, nesta ou noutra existência futura, tudo aquilo que deu à vida, claro que pensará duas vezes antes de cometer um desatino. O conhecimento da inexorável lei de causa-e-efeito, que dá a cada um rigorosamente de acordo com suas obras, disciplina os nossos ímpetos, os nossos impulsos, os nossos gestos de impaciência, os nossos atos de agressividade.

Afrânio Peixoto (1876-1947), famoso médico e educador, numa de suas obras faz referência a um ilustre mestre alemão (desencarnado em 1782) muito louvado por sua capacidade de fazer valer sua disciplina durante as aulas. Imaginem os caros leitores que, ao deixar o magistério, ele havia solenemente aplicado:

911. 527 bengaladas;
124.010 chicotadas;
10.235 bofetadas e
1.115.800 sopapos!

Talvez os leitores estejam sorrindo diante desta estatística macabra. Mas não é para sorrir, não; é para lamentar. Qualquer médico de hospital do Governo poderá dar aos leitores números relativos a casos de crianças que chegam até tais nosocômios simplesmente com fraturas (às vezes já consolidadas) em virtude de maus tratos por parte dos pais, nestes catiripapos entrando, não raro, as próprias mães. E isto até mesmo em lares de famílias de classes média e rica! Ah! Se a violência resolvesse, o mundo seria uma verdadeira maravilha... Se pancadaria educasse filhos... Duas frases lembraríamos para encerrar nossos comentários, do educador Pestalozzi (1746-1827):

1ª) O Amor é o fundamento eterno da educação; e

2ª) Qualquer educação para ser efetiva deve ser acima de tudo afetiva.

. . . .

Amigos, como dizia Pitágoras, eduquemos o menino, para que não nos seja preciso, depois, punir o adulto. Finalizaremos então com estes lembretes do Professor Imídeo Nérici: É obrigação dos pais:

1º) Compreender os filhos;

2º) Elogiar os seus bons atos;

3º) Socorrê-los em seus fracassos;

4º) Inteirar-se das suas reais possibilidades;

5º) Não exigir em demasia, nem querer perfeições;

6º) Conhecer a escola onde eles estão estudando;

7º) Participar das reuniões dos círculos de pais e professores, entrando em contato com os diretores e professores sempre que possível (e não apenas quando o filho é punido ou reprovado);

8º) Não abrir mão do direito e da responsabilidade de supervisionar a educação dos filhos (sejam meninos ou meninas);

9º) Tomar conhecimento da vida escolar, diretamente com o filho;

10º) Entrar em contato com os amigos dos filhos;

11º) Assegurar condições de estudos em casa;

12º) Exigir o cumprimento das determinações estabelecidas;

13º) Inteirar-se do comportamento social dos filhos;

14º) Acompanhar-lhes os estudos e

15º) Manter um comportamento exemplar perante eles.

MORTE É PENA??

Rita Foelker

A sociedade brasileira volta a discutir a pena de morte. A seqüência de crimes bárbaros fartamente documentados pela imprensa, o rádio e a TV, gerou tal revolta e indignação nas pessoas, que propiciou a busca de soluções radicais, como a tentativa de aprovação deste projeto que tramita no Congresso Nacional.

Revolta e indignação humanas são compreensíveis, quanto mais próximo do drama alguém se encontre. Entretanto, as grandes comoções, as polêmicas apaixonadas e o impacto das manchetes jornalísticas, geram reações emocionais e nos afastam do fiel da razão. Não parece ser este o melhor momento para uma avaliação justa da questão da pena de morte, pelos nossos legisladores. Há muitos oportunistas usando os meios de comunicação para levar a opinião pública a pedir vingança.

Porém, adequada ou não, esta é a hora de firmar posição — a favor ou contra.

Ainda que numa abordagem puramente materialista, a simples possibilidade de condenação de um inocente deveria justificar reflexões muito sérias. Como se faria a correção do erro judiciário? A justiça dos homens é falível por demais, para investir-se do poder de decidir sobre a vida e a morte. Que dizer disto, num país onde é voz comum que "só pobre é que vai pra cadeia"?

Numa abordagem espiritualista, poderíamos dizer que unicamente a Deus cabe dar e tirar a vida. Mas não será ainda este argumento capaz de dissuadir os defensores da pena de morte. A imagem de Deus anda meio desprestigiada, graças à teologia confusa da religião dominante, que contribuiu para transformá-lo num "fazedor de favores", aos olhos das massas.

Resta-nos analisar o tema numa ótica espírita.

Morte é pena, enquanto deixar a vida significa perder a perspectiva de uma existência material única, que representa todas as possibilidades de realização para o ser humano.

Morte é pena, enquanto se crê que se vai para o inferno.

Morte não é pena, para quem conhece a imortalidade e a pluralidade das existências. Morte não é mais pena, a partir de uma expectativa muito precisa da vida espiritual.

Na ótica espírita, morte não é pena: morte é libertação.

Se algo há que, de longe — mas muito longe mesmo — se assemelhe a uma "pena", este algo é a vida. Quando trata, por exemplo, da emancipação da alma, O LIVRO DOS ESPÍRITOS explica que o Espírito anseia pela liberdade, e aproveita todos os momentos de repouso ou inatividade do corpo para desprender-se, buscando outros lugares e companhias. O corpo é o cárcere.

No instante da morte, o Espírito imortal apenas abandona a morada transitória que já não lhe oferece condições de habitabilidade.

A pena de morte, então, apenas torna possível "condenar" um criminoso bárbaro à liberdade, o que não deixa de ser absurdo, mesmo nas legislações mais amenas! Ela tão somente adia as provas a que o Espírito deveria se submeter, se permanecesse encarnado.

Agora: quem mata ou manda matar, ainda que com a conivência da lei humana, não poderá furtar-se à responsabilidade perante a lei divina.

Uma sociedade que quer ser avançada, uma sociedade fraterna e justa, que se pretende edificar sobre as bases do amor pregado pelo Cristo não se inicia criando mecanismos para legitimar a execução de seres humanos a sangue frio. Ela confia na justiça de Deus.

Afinal, é bom lembrar que Jesus também recebeu sentença de morte.

Fala-se muito no caráter intimidativo da pena capital. Será que a morte assusta tanto, quanto a ameaça de deterioração física e emocional a que está sujeito o autor de um crime, quando é conduzido a qualquer uma das unidades do nosso sistema penitenciário arcaico? Será que a morte também lá não está, de tocaia, entre os próprios companheiros de cela?

É preciso acabar com esta ilusão de que se elimina a criminalidade eliminando o sujeito de um crime. Elimina-se a criminalidade através da educação, da erradicação do analfabetismo, da redistribuição de renda e, acima de tudo, da transformação moral do homem.

ENTREVISTANDO CHICO XAVIER

Obsessores nos presídios

O assunto girava em torno de certa visita a um presídio, na cidade de São Paulo, realizada por um grupo de amigos, juntamente com o Chico.

Estávamos, sábado, à tarde, no Grupo Espírita da Prece e era lembrado o ocorrido...

Dizia-nos o Chico, muito feliz, que recebera calorosos abraços de aproximadamente quatro mil internos daquela casa de correção.

— Imaginem como — comentou a sorrir —, depois de receber tantos tapinhas, eu tinha já as costas doloridas...

Um moço que havia participado daquele trabalho indaga:

— Chico, você viu muitos Espíritos obsessores lá no presídio?

— Não! — respondeu ele. — Não vi obsessores. Vi, sim, muitos benfeitores amigos... muitas mães...

Lá não há obsessores, não! Eles já fizeram o que queriam... (*)

* * *

Nós, que ouvimos aquela resposta, quedamos surpresos pela lógica convincente.

Extraído de ***Encontros com Chico Xavier****, por Cezar Carneiro de Souza, BLE "Maria Dolores".*

(*) **Nota do Celso Martins**: Não padece dúvida de que Espíritos vingativos podem desencadear obsessões, até sugerindo a prática de crimes. No entanto, somos nós que, por invigilância, permitimos estas sugestões agirem em nosso viver, daí a nossa responsabilidade nestes atos...

A VIOLÊNCIA INTERIOR DE TODOS NÓS

Ivan René Franzolim

A violência do mundo se combate com as armas do bem apontadas em nossa própria direção.

A palavra violência exprime todo pensamento, complementado ou não por palavras e ações, que exteriorize um sentimento contrário à lei do amor e da caridade. No mundo atual acompanhamos muitas vezes com o requinte de detalhes, as notícias e reportagens sobre os atos mais violentos da humanidade. Esse contato diário com os atos extremados do ser humano torna as pessoas mais insensíveis, levando-as a desconsiderar suas pequenas atitudes de violência, esquecendo de colocá-las no rol daquelas que devem sofrer o esforço de transformação no trabalho constante de auto-aprimoramento.

A propensão à violência é característica dos Espíritos vinculados ao planeta Terra, variando apenas quanto a intensidade e aos estímulos necessários para desencadear a ação violenta. Daí o "não julgueis", induzindo-nos pelo raciocínio, a buscarmos maior prudência ao julgar o próximo, porque não sabemos se guardamos em nosso íntimo o mesmo grau de violência que condenamos, esperando apenas as condições propícias para despertar.

Segundo o Espírito Verdade (perg. 785), o maior obstáculo ao progresso moral é o orgulho e o egoísmo. Ambos caracterizam o sentimento ainda muito imperfeito que aliado à ignorância das leis naturais e seus mecanismos de atuação, originam as ações contrárias a essas mesmas leis constituindo a violência. Essa ignorância, no entanto, não nos exime de culpa e responsabilidade pelos nossos atos uma vez que a lei de Deus está escrita na consciência de cada um (perg. 621), permitindo ao homem discernir sobre o bem e o mal. As imprudências cometidas sem intenção negativa ou consciência perfeita da situação estariam livres de culpa (perg. 954), embora o Espírito mais adiantado se sinta naturalmente compelido a auxiliar àqueles envolvidos pela sua imprudência. *(Consultar "**O Livro dos Espíritos**")*

Devemos combater a nossa violência interior em todas as suas formas e intensidades, porque, com ela e através da Lei de Sintonia contribuímos para a sua manutenção entre nós. Muitas vezes achamos que não fazemos mal a ninguém (pelo menos diretamente), apesar de fazermos mal a nós próprios diariamente, agredindo nosso corpo com fumo, bebidas, remédios e alimentos inadequados ou exagerados, agredindo nosso campo emocional e psíquico com impaciência, irritação e pensamentos infelizes.

Parece lógico supor que os pequenos atos de violência sejam mais fáceis de eliminar e que o conjunto desses atos favorecem perigosamente o aumento gradativo da tendência de agir com violência. Logo, convém priorizar a eliminação das pequenas atitudes inconvenientes, bem como evitar que elas se transformem em hábitos, o que dificultaria sua constatação e eliminação pelo seu portador.

O conhecimento espírita oferece diversas medidas preventivas imprescindíveis para evitar que o sofrimento surja em conseqüência da lei de ação e reação. Eis alguns deles: fixar objetivos de aperfeiçoamento moral, conhecer melhor a si mesmo, enriquecer dia-a-dia o seu conhecimento espiritual, estimular continuamente o bem interior, trabalhar pelo seu auto-aprimoramento, fazer o bem, evitar o mal, orar.

Estando a evolução do homem subordinada ao relacionamento com outros seres, pode-se concluir que os atos de violência surgem do conflito entre pessoas. O remédio auxiliar para prevenir conflitos maiores é a busca da compreensão pela prática da empatia, procurando sentir o que sentiria se estivesse na situação e circunstâncias experimentadas por outra pessoa. Este exercício proporciona ótimos resultados, mas requer muita boa vontade para desempenhar o papel de advogado de defesa, inclusive especulando sobre os possíveis componentes espirituais que possam estar influenciando o contexto analisado.

A consciência das dificuldades do processo de melhoria interior não deve ser causa de desânimo e sim de desafio a ser vencido. O fato de se possuir algum conhecimento das leis naturais não assegura a ninguém manter um comportamento equilibrado. É preciso entender, aceitar, enfrentar situações difíceis utilizando o conhecimento, para reavaliar os resultados num ciclo que se repete indefinidamente. No início nem nos lembramos do conhecimento ao começarmos uma ação violenta, mas temos a chance de identificá-lo e analisá-lo depois. A prática dessa conduta leva a um estágio mais adiantado, em que a exata consciência de estar procedendo mal surge no meio da ação, possibilitando algum reparo antes de sua finalização. O estágio seguinte permite detectar a tendência para agir negativamente antes de tomar qualquer atitude. No último estágio conseguimos responder automaticamente com boas ações e pensamentos, aos estímulos recebidos.

Existe a influência das ondas de pensamentos com as

quais nos sintonizamos segundo o princípio que o semelhante atrai o semelhante, fortalecendo os pensamentos e sentimentos próprios da faixa vibratória em que nos situamos.

O Espiritismo oferece os meios para aceleração do sistema natural de evolução, exigindo, porém, vontade firme, melhoria contínua do conhecimento e prática incessante do bem. Ao absorver e procurar adotar o conhecimento espírita, o homem acerta as bases racionais do seu intelecto facilitando o trabalho de transformação dos seus impulsos emotivos inferiores.

O exame de consciência periódico é instrumento útil, não só de identificação dos erros cometidos, mas também como registro dos acertos e sucessos obtidos visando alimentar a motivação necessária para a continuidade da tarefa de melhoria interior. Tudo isso o homem pode fazer com o governo consciente de sua vida. Nada melhor do que poder conduzir com segurança a própria trajetória rumo à realização plena. É hora de agradecer a oportunidade e trabalhar pela própria felicidade.

AINDA A PENA DE MORTE

Juvanir Borges de Souza

Recrudesce o debate da questão da pena de morte, nos meios de comunicação, entre políticos, juristas, religiosos, membros do Governo e simples homens do povo.

A ocorrência de dois crimes bárbaros, quase simultaneamente, noticiados em detalhes pelos jornais, reacendeu a discussão, com a cobrança da opinião pública de meios mais severos de coibir o crime hediondo, como é o caso do seqüestro de uma criança, seguido de morte, com requintes de crueldade, e a continuação da exigência do resgate aos seus pais.

Às vésperas da chegada do terceiro milênio da Era Cristã, as sociedades humanas ainda não se furtaram a conviver em clima de violência brutal, assistindo a crimes gerados por motivos torpes, demonstrando que muitos de nossos companheiros de jornada na Terra são insensíveis ao sofrimento alheio.

Daí o clamor pela aplicação da pena de morte aos agentes dessas ações profundamente repulsivas, que não só geram terríveis sofrimentos às vítimas, seus familiares e amigos, mas produzem compreensível revolta na população em geral.

Assim, volta a discussão apaixonada sobre a instituição da pena de morte, no Brasil, especialmente para alcançar os crimes classificados de hediondos, embora ela já seja prevista na legislação para determinados crimes em período de guerra.

Notamos que a Igreja Romana se posiciona de forma ambígua sobre tão palpitante assunto, refletindo sua própria história: nas Idades Média e Moderna eram comuns as execuções, nas fogueiras, dos chamados hereges, condenados pelo Tribunal do Santo Ofício, de triste memória. Na atualidade, muitos de seus representantes opõem-se à pena capital, mas recente documento emanado do Vaticano justifica e recomenda francamente tanto a pena de morte quanto a guerra "justa", sem definir o conceito adotado do que seja essa "justiça".

Os juristas, da mesma forma, encontram-se divididos.

Sabem eles do grande risco que representa o erro judiciário que, no caso da pena de morte executada, torna irreversível a reparação. Além disso, pesa consideravelmente nas teorias penais modernas a propensão para substituir, nas condenações, o caráter de vingança pelo de recuperação, através da reeducação do criminoso.

Mas, apesar da teorias judiciosas, muitos juristas alinham-se entre os defensores da pena capital.

Políticos e legisladores encontram-se divididos na apreciação da relevante matéria.

E o povo, impressionado com a violência e os crimes que se multiplicam de forma impressionante, pronuncia-se em maioria favoravelmente à pena de morte, nas pesquisas de opinião pública levadas a efeito por vários órgãos especializados.

Cogita-se de promover um plebiscito, para colher diretamente da população sua decisão a respeito da adoção, ou não, dessa pena capital, sendo de lembrar que a Constituição de 1988 a proíbe.

Assim, em caso de resposta afirmativa do povo na consulta proposta, haveria necessidade de modificação da Carta Magna.

Aí estão os fatos atuais, resumidas as opiniões de vastos setores da sociedade brasileira, que se acha influenciada por fatores internos e externos na formação de um juízo de suma importância. A questão extravasa os meios governamentais, as elites pensantes e espraia-se pelas camadas populares.

Todas as opiniões em favor da pena de morte desembocam no argumento máximo da necessidade de sua adoção como instrumento de defesa da sociedade e dos indivíduos contra os elementos perniciosos que descambam para o crime.

A Constituição brasileira de 1988 sabiamente posicionou-se em defesa da vida, sem restrições, ressalvada a hipótese excepcional em tempo de guerra, que esperamos jamais ocorra.

A vida humana tem um sentido mais amplo e abrangente do que possa parecer à primeira vista.

Desde a concepção há vida e, nesse caso, está ela protegida por nossa Carta, mesmo antes do nascimento do ser. Por isso mesmo o aborto, salvas as exceções previstas, está proscrito em nossa legislação, como proibida está também a eutanásia.

Entretanto, nós, espíritas, não devemos entrincheirar-nos na Constituição, que favorece nossa posição doutrinária, e fechar os olhos aos descalabros dos crimes contra a vida, sem oferecer à sociedade organizada as soluções que a inquietação social reclama, com justa razão.

Modificar a Constituição, através de emenda autorizada por plebiscito, para adotar a pena capital seria erro enorme. Seria como abrir as comportas de uma grande represa sem cogitar das conseqüências de um ato impensado.

O povo, dominado pela paixão, revoltado diante da calamidade da sucessão de crimes, pode ser conduzido, de forma hábil, pelos que exploram as situações sociais que favorecem seus pontos de vista. Ao que tudo indica, neste momento de crises e de descalabros, a maioria da população é favorável à pena de morte e à modificação da Carta, o que seria um retrocesso.

A solução está na modificação do Código Penal, desatualizado no tempo (é de 1940), pelas teorias sobre punibilidade e em função das penas estabelecidas.

Em defesa da sociedade, o que se impõe é a reclusão dos criminosos aparentemente irrecuperáveis em estabelecimentos penais apropriados, fora dos grandes centros populacionais, de onde eles não possam continuar comandando o crime organizado.

As penas estabelecidas no atual Código precisam ser revistas. Algumas delas correspondem praticamente à impunibilidade, tal a sua benignidade.

Além disso, não se compreende que se procure defender a sociedade aplicando-se, por exemplo, uma pena de reclusão de oito anos e que deles seja cumprida uma sexta parte, ou uma quarta parte e o recluso seja beneficiado com o cumprimento do restante em liberdade, não por se ter certeza de sua recuperação, mas por ser réu primário. Se esse réu ainda não se regenerou, não irá praticar novos crimes?

Por outro lado, todo o sistema penitenciário brasileiro

necessita ser completamente reformulado.

Não se pode compreender e admitir a construção ou reforma de estabelecimentos penais nas grandes cidades.

Na vastidão do território brasileiro ajustam-se perfeitamente as penitenciárias agrícolas e industriais, onde os apenados poderiam trabalhar e ser úteis a si mesmos, na recuperação pelo trabalho. Seria o fim da superpopulação em celas acanhadas, onde as condições de vida são sub-humanas, como todos sabem.

Nas costas do Brasil existem ilhas onde poderiam ser adaptadas penitenciárias especiais, destinadas a recolher os elementos cuja periculosidade recomendasse um isolamento maior.

Todas essas são formas de tentar a recuperação dos transgressores das leis humanas e divinas, além de outras que as experiências mundiais no campo da criminologia oferecem, sem a necessidade de tirar-lhes a vida.

Ao lado das providências de ordem legislativa e de organização de um novo sistema penitenciário, não deve faltar o esforço para a reeducação, principalmente de ordem moral, de todos os transgressores.

Nesse particular, as religiões e muito especialmente a Doutrina Espírita têm muito a oferecer em favor do despertamento espiritual dos que praticam os mais variados crimes, movidos pela ignorância, pela maldade e pela insensibilidade diante do sofrimento alheio.

Jamais se deve tirar a vida de alguém. O homem não tem esse direito, como não o tem o Estado. Mata-se o corpo, mas não o Espírito imortal. A transgressão do mandamento divino de não matar produz conseqüências de suma gravidade tanto para quem perde a vida quanto para quem a tira.

As religiões espiritualistas sabem dessa verdade, embora muitas delas a esqueçam. O Espiritismo é claro e enfático na defesa da vida e oferece as razões por que assim se posiciona.

Compete, sim, aos governantes, aos legisladores, ao Poder Judiciário, à Polícia, mas também aos meios de comunicação de massa, às escolas de todos os níveis e ao povo de forma geral o esforço conjunto e cooperativo no sentido de proscrever o crime de qualquer natureza. Não através da eliminação do criminoso, mas sim pela educação preventiva ou pela reeducação dos transviados.

Em lugar de cogitar da pena de morte, as elites dirigentes deveriam agir no sentido da renovação e atualização da legislação penal, obsoleta e desatualizada no tempo.

A mídia transformou-se num perigoso meio de propagação de violência e do crime, de dissolução dos bons costumes e de deseducação das massas. Ela, atualmente, no Brasil, com as exceções reconhecidas, explora a imoralidade e ressalta a indecência e a falta de decoro, através de novelas, filmes, estórias e notícias que só prejudicam a formação moral das gerações mais jovens e incentivam os maus pendores dos menos avisados.

Se o nosso povo é tão necessitado de instrução e de educação, por que os governantes, as elites sociais e as entidades representativas da sociedade não cogitam de transformar os modernos meios de comunicação de massa em fatores positivos na reeducação de todos?

Já é tempo e hora de se pensar no aperfeiçoamento das leis, mas também é tempo de proibição de abusos que estão à vista de todos, porque entram no recôndito dos lares, com cenas e palavras deprimentes.

Estamos todos submetidos a um verdadeiro paradoxo: de um lado, o esforço de pais e professores, de orientadores religiosos e de quantos se preocupam com a educação moral das novas gerações; mas, de outro lado, os modernos meios de comunicação, a chamada mídia, que tem a facilidade de penetrar os lares a qualquer hora, com seus programas desagregadores, que exploram as tendências inferiores dos indivíduos, especialmente crianças e jovens, induzindo-os sutilmente a toda sorte de inferioridades.

Invoca-se, para isso, a liberdade de imprensa, de comunicação, de fazer o que bem se entende. É evidente que os que assim pensam e agem perderam a noção de responsabilidade perante a própria sociedade em que vivem, para se dedicarem somente aos seus interesses pessoais. Em nome da liberdade política e cultural certos meios de comunicação esqueceram seus compromissos e responsabilidades perante o meio em que vivem e perante a própria consciência coletiva. Com isso, nossas crianças e jovens e aqueles que ainda não conseguiram uma formação moral que os defenda ficaram sujeitos a toda sorte de sugestões maléficas por parte das organizações poderosas, detentoras desse poder fantástico que a tecnologia criou utilizando a imagem, o som e a palavra.

A indignação das consciências retas contra os crimes é justa e reclama soluções. As soluções existem, independentemente de recorrer-se ao extremismo da pena de morte. Matar o corpo não resolve o problema, porque o Espírito imortal continua existindo e necessitando de orientação.

Se a Lei Divina perdoa sempre, oferecendo ao transgressor novas oportunidades de reparar o mal praticado, não é conveniente que também o homem, a sociedade, o Estado imitem a norma divina oferecendo ao criminoso o ensejo de reparar seu crime, através de formas que envolvam arrependimento, reeducação, trabalho, privação da liberdade, sem contudo tirar-lhe a vida?

*Extraído de "**O Reformador**", edição abril/93*

MADALENA E NÓS

José Antônio Castilho

Nos caminhos da evolução temos vivido às turras com nossos vícios e defeitos, cientes de que a eliminação de nossas mazelas espirituais, o pagamento dos ceitis que a Lei nos exige, é a questão mais grave em nossa vida.

É muito difícil adquirir virtudes. No entanto, é mais fácil adquirir dez virtudes do que eliminar um só defeito.

A Lei, perfeita como seu Criador, tem em si os mecanismos para trazer de volta ao aprisco o filho desgarrado. Quatro desses mecanismos sempre estiveram à nossa disposição: o Amor, o Conhecimento, o Trabalho e, por último, o tira-prosa, o mais eficiente de todos — a Dor.

Convidados a amar, não amamos. Solicitados a conhecer, permanecemos na ignorância. Chamados ao trabalho, continuamos na inércia. Vazios de amor, de sabedoria e de ação construtiva no bem, somos surpreendidos pela dor. E aí, bufamos! Esperneamos! Reclamamos! Maldizemos nosso destino, até Deus. E a dor aumenta, aumenta, aumenta tanto que entregamos o ponto. Entrecortados de dor, com as cordas vocais em pandarecos, emitimos o grito redentor: Senhor!

Isto basta. Nessa simples palavra há todo um reconhecimento da superioridade inquestionável do Criador e de toda sua ilimitada misericórdia. Curvando-nos à doce paternidade de Deus, no auge da esperança, aguardamos o socorro do alto, que não tarda a chegar.

Palmilhamos, após, o caminho comum do soerguimento: submetemo-nos ao tratamento, estudamos, trabalhamos e só então percebemos que o Amor cobre multidão de erros. E, timidamente, desajeitados, até mesmo envergonhados, ensaiamos os primeiros passos nas trilhas do amor.

Primeiro, o amor mais fácil: o amor aos que nos amam. Se ele me amar, eu amo também! Dizemos vitoriosos. Mas, é muito pouco, logo percebemos.

Então começa a luta difícil que nos rouba séculos de esforços, permeados de vitórias e fracassos. Saber que há muitas existências, ou seja os intervalos de uma mesma vida, nos dois mundos — físico e espiritual — nos traz enorme consolo: se não vencer agora, hei de vencer mais tarde, dizemos, um tanto frustrados por admitir a parcial derrota.

A vitória fica para depois...

Com Madalena foi diferente. Muito diferente! Ela foi aquela da qual foram expulsos sete demônios (Marcos 16:9 e Lucas 8:2). Sete demônios, significa todos os vícios. Madalena estava com tudo! Tinha todos os problemas que uma mulher pode ter, a lhe obstar a evolução.

No entanto, nada há nos Evangelhos que nos leve a crer que Madalena era aquela mulher que lavou os pés de Jesus e a que ia ser apedrejada como adúltera.

A primeira, a que ungiu os pés do Mestre com nardo puro e enxugou-os com seus cabelos, foi Maria de Betânia, irmã de Lázaro e Marta, segundo João 11:2 e 11:3.

A segunda, a mulher adúltera, salva pela sabedoria e pela bondade de Jesus da fúria religiosa dos seguidores de Moisés, não é nomeada pelo mesmo evangelista na narração do comovente episódio, encontrado nos versículos de 3 a 11, do capítulo 8 de seu Evangelho.

Esta última pode até ser a própria Madalena, como pode ter sido qualquer outra mulher, já que foi conservada anônima pelo autor do quarto Evangelho.

Estamos a dizer isto buscando inocentar Madalena de erros que, segundo os Evangelhos, ela não cometeu, embora respeitemos muito todos aqueles que enfeixaram nela as três famosas personagens.

Com certeza, todos estes eminentes escritores se basearam em documentos por nós ignorados.

Agora, o que realmente é importante naquela fantástica mulher, nascida em Magdala, é a sua garra, a sua incomensurável coragem, sua tomada de posição diante de sua consciência que, certamente, ardeu como uma imensa fogueira, ao ser envolvida pelo doce olhar do Divino Amigo, olhar que por ela deve ter sido interpretado como uma voz a lhe dizer: "Mulher, não dê grande importância ao seu passado, aos seus muitos erros, eu a amo muito, assim como a toda humanidade, mas especialmente a vocês, que se equivocaram diante das ofertas tentadoras de gozos materiais que o mundo lhes ofereceu. Siga-me! Eu lhe dou a minha paz! Ame, continue amando, indistintamente a todos, mas com o Amor divino, o Amor que tudo dá, tudo suporta, tudo compreende, tudo sofre. Não erre mais. Estarei com você até a consumação dos séculos. Venha, Maria, o futuro reverenciará a sua dedicação, seu destemor, seu Amor ao Amor de Deus."

E o que se passou na alma daquela mulher ninguém esquece mais: de uma vez só cumpriu toda a rotina que levamos séculos e mais séculos para cumprir. Recebeu a dor na consciência e a suportou. Trabalhou ao lado do amado Mestre, e esteve com ele até ao fim.

Ao lado dele, conheceu a verdade, e a verdade a libertou. Libertando-se, conheceu o Amor e amou — sobretudo amou.

Acompanhou-o à cruz, junto a outras mulheres (João 19:25 e Mateus 27:56), e ao lado delas muito sofreu.

Na manhã de domingo, inundada de luzes espirituais, que sublimavam a claridade da irradiação solar, ao visitar o túmulo do Mestre, encontra-o vazio. Acabrunhada, corre à busca de Pedro e João para lhes contar a triste ocorrência: o que supunha ser o roubo do corpo de seu divino amigo. (João 20:1 e 2).

Eis que, voltando-se, viu a fonte de luz, a cintilar nas flores do jardim do bom amigo José de Arimatéia e, embriagada de felicidade, diz docemente: Mestre!

Sim! O mestre viera premiar a discípula amada que vencera a si própria, ao escolhê-la para ser a primeira a vê-lo em sua verdadeira roupagem, confeccionada da mais pura e branca luz que jamais brilhou neste planeta. Madalena ficou em primeiro lugar, à frente da outra Maria, a mãe de seu mestre, deixou para trás Pedro e João, o discípulo fiel e o discípulo amado, que minutos antes estiveram boquiabertos a contemplar os lençóis e o lenço de Jesus, jogados ali, no túmulo vazio. (João 20:3 a 10).

E porque tanta primazia? Porque Maria de Nazaré, Pedro e João não passaram pelo que Madalena passou. Não estiveram mergulhados na lama. Não desenvolveram o enorme esforço para do charco saírem. Como um lírio que, tendo por raiz a podridão, lança sua brancura em direção à luz!

Depois de Madalena, sim, todos os discípulos contemplaram o amado Mestre, a mostrar-lhes que a morte fora vencida. Sim, a morte física foi vencida. A morte espiritual de Madalena também! Ela estava morta, com sua mundana vida, e agora ressuscitara de vez. Jesus venceu o Mundo. Madalena venceu o vício!

Hoje, transcorridos quase dois mil anos, cerramos por instantes nossos olhos, rememoramos aquele transcendental episódio e ficamos a cismar e a rogar: "Madalena, campeã entre todas as heroínas, entre todos os heróis deste mundo, lance sua doce e pura luz sobre nós, vacilantes no combate insistente e prolongado na busca da vitória do vício que nos acabrunha, e nos ensine seu segredo, que a fez tão grande: como conquistou você o Amor, Madalena?"

FATORES DA CRIMINALIDADE

Deolindo Amorim

O problema da criminalidade, em todas as suas formas de eclosão, assumiu feição das mais alarmantes nestes últimos anos . Os casos estão aí, por toda parte, aumentando e agravando-se cada vez mais. O que vemos e sentimos, na realidade, é uma sociedade apavorada, devido à insegurança e às crescentes manifestações de violência e periculosidade. É verdade que não faltam estudos especializados, sugestões e pareceres judiciosos, mas o fato é que a criminalidade se alastra a bem dizer com expressão epidêmica. Convém não perder de vista, antes de tudo, que a patologia social exige exames e critérios diversos, pois não se pode encarar o problema criminal por um prisma único, tal a sua espantosa complexidade.

Se é verdade que existem fatores de ordem geral cuja influência na criminalidade se faz sentir em qualquer parte, no Oriente ou no Ocidente, também é verdade que existem fatores circunstanciais, inerentes ao meio sócio-cultural e a determinados momentos. Se, por exemplo, nas regiões onde grassa a miséria, há indivíduos que são levados ao crime por pressão da fome, noutras regiões, onde há fartura, evidentemente o elemento que vive de barriga-cheia jamais praticaria um crime por estar passando fome. A fome, portanto, não é um fator comum, mas específico. É, assim, outros fatores, como a falta de instrução e de educação, a falta de oportunidades de melhoramento intelectual e social, a ausência de religião, etc. Todos os dados do problema, no entanto, devem ser arrolados, indispensavelmente. Se, por um lado, há indivíduos que são predispostos ao crime, por outro lado, há os que são condicionados pelo meio em que vivem. E muitos, lamentavelmente, são vítimas da própria sociedade.

Seja como for, por mais meticulosos que sejam os estudos especializados entre educadores, psicólogos, sociólogos, antropólogos, religiosos de todos matizes e homens de responsabilidades nos mecanismos do Estado, não se pode perder de vista o aspecto espiritual. Já está provado que a repressão violenta nunca extinguiu nem extingue o crime na sociedade. A pena de morte, muito menos, embora se encontrem homens públicos e até mesmo sacerdotes (por mais incrível que pareça!...) francamente favoráveis à pena capital. Se a pena de morte fosse realmente uma solução, não haveria crimes tão freqüentes e tão pavorosos em países onde funcionam implacavelmente a cadeira elétrica, os instrumentos de decapitação e outros meios horrorendos de eliminação sumária. Mas o crime continua, a despeito de tudo. Justamente por isso, as preocupações mais sérias e mais lúcidas, atualmente, estão voltadas para as causas, a remoção dos fatores predisponentes, que são diversos. Dentro deste quadro de observações, a influência espírita desempenha um papel muito mais salutar do que porventura pareça a certas pessoas, ainda estranhas ao trabalho realizado em nosso movimento. Os espíritas não desconhecem a força de fatores externos, principalmente quando a criatura humana já traz alguma propensão delituosa ou não tem boa formação espiritual. A conjugação do elemento externo pesa muito na consideração do problema criminal, tanto quanto o equipamento bio-psíquico nas reações contundentes. Mas a educação espiritual, que penetra no âmago do ser, que vai à raiz dos impulsos, ora disfarçados, ora ostensivos, tem o poder de estancar os ímpetos de agressividade ou de vingança.

Claro que não entendemos educação espiritual no sentido corrente de conselhos ou preceitos repetidos. A influência espírita se faz sentir mais profundamente, porque esclarece, desperta a consciência de responsabilidade, mostra o caminho do bem e do mal perante as opções do livre-arbítrio. Nota-se, embora de passagem, que a ação renovadora do Espiritismo já está sendo compreendida, pelo menos em determinados momentos, pois já se reconhece que a assistência espiritual, sem interesse de proselitismo, vem desviando muita gente do vício e do crime. Hoje, por exemplo, se faz apelo constante à educação.

É certo que alguns especialistas atribuem à alimentação uma importância. Há quem entenda, por exemplo, que o tipo de alimentação é responsável pelos atos violentos. Há quem dê muita ênfase ao fator alimentar na criminalidade, entre antigos e modernos; acham alguns que se deve dar mais atenção a este aspecto, que não é, realmente irrelevante. É aceitável, racionalmente, a influência da alimentação nas disposições individuais e grupais. Não de deve, porém, dogmatizar ou fazer disto uma questão fechada. É o que nos parece. Há, por exemplo, quem considere o problema em termos inflexíveis: "Quer saber quem é uma pessoa? Veja o que ela come". Tudo é relativo, ensina a experiência da vida. Mas a alimentação, como o clima, os hábitos e outros elementos devem ser bem considerados no conjunto de causas. Tudo isto, em tese, é válido, não há dúvida, porém continua de pé o pensamento espírita: não se pode atacar a onda de criminalidade, com eficiência, sem trabalhar no espírito, sem cuidar do lado espiritual do homem. Esta premissa não entra em choque com nenhuma das soluções propostas no ângulo da educação, mas sem ela não se pode trabalhar em terreno firme. Não se trata de querer converter o faltoso ou marginal a esta ou aquela denominação religiosa, e o movimento espírita nunca teve esta preocupação, mas de reerguer o indivíduo que cai, muitas vezes por culpa das falhas que se abrem na sociedade, mas reerguer não apenas com recursos materiais de recuperação, porém através de conhecimento em forma de noções claras da justiça divina e da lei de causa e efeito, no tempo e no espaço. No centro de todas as preocupações e tentativas de ajuda está a palavra-chave: amor.

PENA DE MORTE

Raymundo Rodrigues Espelho

Um confrade relatou-nos que durante uma palestra sobre a pena de morte na casa espírita que dirige, um dos assistentes, apologista da pena capital, discordou do orador, manifestando-se a favor da pena extrema. Falamos, então, ao nosso interlocutor que deveria tratar-se de uma criatura apenas freqüentadora do centro, mas não de um espírita. Ele prontamente concordou conosco. De fato. O espírita, o estudioso da Doutrina Consoladora, aquele que procura vivenciar o que aprende nas obras da Terceira Revelação, não pode ser partidário de crime algum, nem mesmo que o Estado seja o mandatário do delito.

Fazendo frente aos homicídios hediondos que revoltam a opinião pública, uma expressiva parte da mídia brasileira vem conduzindo o povo a apoiar a instituição da pena máxima no País, pretendendo inclusive realizar um plebiscito, o que não seria ruim, não fossem as parcialidades e os objetivos escusos. E, para completar, temos alguns intelectuais (jornalistas, escritores, juristas, políticos e também — pasmem! — dirigentes religiosos) fazendo coro com a mídia. Mas, se recriminam os assassinos por agirem em desacordo com a lei, como querem criar preceitos para matá-los?

Querem legalizar o crime? Pretendem desforra igual à ofensa? Os governantes e os juízes passariam a ser criminosos oficiais!

A pena de morte não encontra apoio em direito algum. E a experiência prova que ela nunca deteve celerados determinados a fazerem o mal. A criminalidade aumentou em muitos lugares onde tal pena foi instituída. No Texas, EUA, onde houve o maior número de execuções desde 1976, temos um exemplo concreto disto. No Canadá, onde essa penalidade foi suspensa, não houve alteração na taxa de homicídios.

Muitos brasileiros querem que volte a vigorar a pena capital em nosso país, mas a maioria não sabe justificar porque está advogando essa causa.

É também a maioria que diz que a justiça brasileira é muito lenta e só o pobre vai para a cadeia. O que ocorreria então com o retorno da pena máxima ao Brasil, se temos notícias de que, nos Estados Unidos, que muitos dizem ser a nação mais adiantada do mundo, um processo de condenação à morte demora no mínimo oito anos e que, apesar da minuciosidade das investigações, 23 pessoas "inocentes" foram condenadas à pena capital, no período de 1900 a 1987?

Por ocasião de uma execução na câmara de gás na prisão de San Quentim, na Califórnia, EUA, do lado de fora da prisão manifestantes lutavam contra a pena de morte. Um deles, ativista da Anistia Internacional, depois de perdida a batalha, comentou: "Se isso é uma sociedade civilizada, gostaria de saber como eram os bárbaros."

Realmente, a implantação da pena de morte parece uma volta aos tempos de barbárie.

Uma das justificativas do povo para pretender a adoção da pena máxima são as péssimas condições de nossos presídios, com sua promiscuidade e superlotação.

Que existam leis mais rígidas para punição e, principalmente, para recuperação dos infratores. Que os delinqüentes mais graves sejam segregados, recolhidos a colônias agropecuárias, ou reclusos em locais onde possam ser tratados, principalmente através da "laborterapia", podendo assim manter-se em condições dignas, colaborando no amparo aos seus dependentes e mesmo dos familiares de suas vítimas.

O espírita sabe, e seria bom que a Humanidade toda soubesse, que de nada adianta matar o corpo físico se a alma é imortal e a lei de reencarnação é um fato incontestável. Esses irmãos — não nos esqueçamos de que todos somos irmãos — cedo ou tarde voltarão à Terra e, com certeza, em piores condições.

Allan Kardec trata deste assunto nos livros básicos da Doutrina Espírita, principalmente nas questões 760 e seguintes de "O Livro dos Espíritos". Convidamos os leitores para analisarem aquelas perguntas e as respostas que lhes foram dadas.

Para facilitar, registramos aqui a de nº 765:

"— Que pensar da pena de morte imposta em nome de Deus?

— Isso equivale a tomar o lugar de Deus na prática da justiça. Os que agem assim revelam quanto estão longe de compreender a Deus e quanto têm ainda a expiar. É um crime aplicar a pena de morte em nome de Deus, e os que o fazem são responsáveis por esses assassinatos."

A única coisa que podemos condenar à morte, sem correr risco de praticar injustiça, seria ela mesma — a pena de morte.

O CRIME DEVE SER DESCOBERTO?

Rodrigues de Camargo

Sim. É necessário que o crime seja descoberto para que nosso mundo melhore e passe de Mundo de Provas e Expiações para Mundo de Regeneração, conforme afirmativa do Cristo: – "Bem-aventurados os mansos e pacíficos porque eles herdarão a Terra". Apesar de quase dois mil anos decorridos desse ensinamento, nosso mundo continua dominado pelos homens ambiciosos, egoístas e orgulhosos. São raras as exceções de humildade, de bondade e desprendimento material, mas que sempre se manifestaram em nosso plano, e precisamos acreditar nelas, pois vamos adentrar o terceiro milênio onde deverão ocorrer mudanças substanciais de almas que aqui habitam.

Ora, se os crimes não forem descobertos, não forem julgados, todos nós continuaremos dando vazão ao egoísmo e à maldade interior. A descoberta não deve ser para escandalizar e sim para corrigir aquele que falhou. A falha é humana, a perseverança no erro é que é prejudicial. O mal é a ignorância das Leis Divinas, e a ignorância é o gerador de todas as misérias. Portanto, descoberto em erro, a sociedade deve dar apoio para a regeneração do indivíduo.

Como seria tratado o doente se não se descobrisse a sua doença? As causas de todos os males são o egoísmo e o orgulho, os algozes do homem. Jesus fez um combate cerrado a essas chagas do Espírito, demonstrando que o crime não compensa. Os desvios da personalidade precisam de educação, ensinando a contrapor a eles a prática do amor (caridade) e a humildade, duas forças da alma capazes de gerar felicidade.

Entretanto, consideremos ainda. O pior criminoso é aquele que não reconhece o seu crime, o seu erro. A perseverança no equívoco fará tanto mal à sua alma como uma enfermidade mal curada, levando-o à derrocada espiritual.

No livro "Missionários da Luz" o instrutor Alexandre oferece uma lição com relação ao erros humanos e títulos que dão poder (deputados, prefeitos, sacerdotes, juízes, provedores, etc), em confronto com a consciência e a vida espiritual: — ..."Recebem os títulos (...), como os médicos sem amor ao trabalho de curar, ou os advogados sem qualquer espécie de devotamento ao direito. Estimam os interesses imediatos, requisitam as honrarias humanas e, terminada a existência transitória, se encontram em doloroso fracasso da consciência... Acostumadas a fácil aquisição de vantagens na Terra, pretendem resolver, depois da perda do corpo físico, os problemas espirituais pelo mesmo processo e, encontrando tão-somente a Lei de Deus, que manda conceder a cada um segundo as suas obras, não raro agravam a situação, internando-se no escuro país do desespero, onde se reúnem a inúmeras companhias da mesma espécie... Neste particular, devemos reconhecer que semelhante condição, neste lado da vida, é a de todos os homens e mulheres, de inteligência notável, com primores de cultura terrestre, mas desviados do verdadeiro caminho de elevação moral. Comumente, as pessoas mais sensíveis e cultas criam o mundo que lhes é peculiar e esperam furtar-se à lei de testemunho próprio, no campo das virtudes edificantes".

A coisa mais certa que temos na vida corporal é o retorno à vida espiritual: ninguém fica para semente. Nossa partida já está determinada, uns vão mais cedo e outros mais tarde, uns jovens, outros velhos, mas todos retornam de onde vieram — a vida eterna (vida espiritual). Os títulos humanos não dignificam ninguém, se a pessoa não fizer por se elevar moral e fraternalmente em convivência com seus semelhantes. Porém, de uma coisa temos plena convicção: — o Determinismo Divino é pela nossa perfeição. E perfeição é felicidade interior. Não a busquemos nas fantasias do mundo; a construção espiritual de amor e bondade em cada dia de nossas vidas deve ser o nosso maior empenho.

Como entender, então, o já consagrado pensamento do Espírito André Luiz, que recomenda: — "O mal não merece comentário em tempo algum". Não merece mesmo, quando não tem proveito, quando é negativo ao criminoso ou aos seus familiares, quando não se aplica na melhoria daquele que errou, quando falta moderação na análise e bom senso, quando é feito por prazer de denegrir. Neste caso a censura ou comentário equivale a um ato maldoso.

Mas, o comentário é positivo quando renova a criatura, corrige seus equívocos e dá novas oportunidades para que se equilibre e se eduque. André e outro médico, Vicente, comentam seus fracassos como médicos, tendo de recomeçar no mundo espiritual como enfermeiros, e seus exemplos servem de lições para todos nós.

E que dizem outros Espíritos? São Luiz, por exemplo, cita em "O Evangelho Segundo O Espiritismo" que: — "Tudo depende da intenção. Certamente que não é proibido ver o mal, quando o mal existe. Seria mesmo inconveniente ver-se por toda a parte somente o bem (quando na Terra não é ainda assim): essa ilusão prejudicaria o progresso".

Na mesma obra em resumo dos ensinamentos dos Espíritos Superiores, encontramos: — "No vosso mundo, tendes necessidade do mal para sentir o bem, da noite para admirar a luz, da doença para apreciar a saúde".

E concluem sabiamente, falando dos mundos superiores: — "Nos mundos felizes, as relações de povo para povo, sempre amigáveis, jamais são perturbadas pelas ambições de dominação e pelas guerras que lhes são conseqüentes. Não existem senhores nem escravos, nem privilegiados de nascimento. Só a superioridade moral e intelectual determina as diferentes condições e confere a supremacia. A autoridade é sempre respeitada porque decorre unicamente do mérito e se exerce sempre com justiça. O homem não procura elevar-se sobre o seu semelhante, mas sobre si mesmo, aperfeiçoando-se. Seu objetivo é atingir a classe dos Espíritos puros...".

HOSPITALIZAÇÃO CARCERÁRIA

Quando tiveres de anotar o comportamento dos irmãos reeducandos em retiros carcerários, deixa que a compaixão se te instale no Espírito antes que a palavra te configure as considerações.

Presídios são Escolas-Hospitais, dignas de apreço.

Irmãos internados nesses educandários se erigem à posição de enfermos em tratamento espiritual.

Magistrados desempenham a função de especialistas, cominando preceitos penalógicos, à feição de recursos curativos para a supressão de desequilíbrios determinados.

E, de nossa parte devemos ser os irmãos compreensivos

de quantos se vejam na condição de doentes da alma, integrando com eles a grande família humana.

Somos todos Espíritos imortais, companheiros da mesma caminhada evolutiva.

De que maneira condenar os semelhantes, se não dispomos de meios para analisar-lhes o sofrimento, quando o sofrimento lhes extravasa o ser, em forma de ignorância e doença, obsessão e criminalidade?

Que espécie de dor terá erguido o braço daqueles que promoveram a destruição do próprio corpo?

Quem terá impulsionado a mão do homicida contra aqueles que lhe experimentaram os golpes?

Quantos dias de resistência gastaram os corações queridos, mas ainda inseguros, até que se emaranhassem nas trevas da tentação?

Que forças invisíveis na Terra induziram ao enfraquecimento e ao desânimo almas belas e cultas quando desertaram dos compromissos que elas próprias criaram na Causa do Bem?

E qual teria sido o nosso comportamento se houvéssemos faceado as inquietações e os problemas em que os nossos semelhantes considerados em erro, se matricularam em rudes provas? Meditemos nessas indagações já que não nos é dado conhecer os dramas da sombra desde o princípio, a fim de que não venhamos a intensificar os obstáculos de quantos se reajustam, muitas vezes, à custa de tribulações e de lágrimas. Entendemos a legitimidade dos tribunais humanos e todos somos chamados a respeitar-lhes as determinações.

Entretanto, nas trilhas do relacionamento mútuo, situemo-nos todos, todos nós, os Espíritos ainda vinculados à evolução terrestre, no esquema das consciências endividadas, ante os foros da Divina Justiça. E, longe de agravar as aflições dos nossos irmãos, sob assistência carcerária, auxiliemo-los na reabilitação das próprias forças, rogando à Misericórdia Divina para que se compadeça de todos nós.

Emmanuel
Página recebida por Francisco Cândido Xavier

SOMOS TODOS RESPONSÁVEIS

Palavras do juiz ao receber o título de cidadania

Teve ampla repercussão o pronunciamento do juiz de direito Flair Carlos de Oliveira Armani, quando do recebimento do título de Cidadão Suzanense que lhe foi outorgado pela Câmara Municipal de Suzano, em reconhecimento aos relevantes serviços que vem prestando à coletividade.

Ao receber a homenagem, estendida também ao vereador João Antonio Modolo, o juiz de direito mostrou-se visivelmente emocionado com a outorga do título proferindo o seguinte discurso:

Senhores e Senhoras.

Senhor Presidente e

nobres vereadores.

Tendes por acabada a tarefa de outorgar o honroso título de Cidadão Suzanense a dois homens públicos desta cidade.

Quero inicialmente congratular-me com os ilustres vereadores desta nobre Casa de Leis pela feliz decisão de prestar esta justa homenagem ao nobre vereador João Antonio Modolo, como reconhecimento aos relevantes serviços prestados por Sua Senhoria a esta progressista cidade, entre os quais o de ter ele sido como dizeis, o grande baluarte na campanha de criação da Comarca de Suzano.

Avalio a alegria interior de que deve estar possuído o digno edil. Vindo de outra terra, escolheu esta para a sua moradia. Trabalhou por Suzano, tanto e tão bem que o seu povo o elegeu várias vezes como seu representante. Suzano é hoje uma das cidades mais progressistas e mais importantes do País. Conta com uma população operosa e ordeira de cerca de cem mil habitantes. Em seu seio tem a ventura de abrigar esta laboriosa, combativa e disciplinada colônia japonesa. Povo tão culto, que ensina a seus filhos, como princípio fundamental, a humanidade — virtude mãe de todas as outras.

Para esse progresso contribuiu decisivamente o nobre vereador de hoje e de antes.

A magnitude da honraria que hoje lhe concedeis casa-se bem ao merecimento do ilustre homenageado.

Quanto a mim, Senhor Presidente, lamento dizer que não aprovo a escolha.

Sei perfeitamente que a intenção dos nobres vereadores não é homenagear a pessoa do juiz, mas sim o Poder Judiciário, neste dia em que se comemora a criação da Comarca de vossa terra. Em nome do Poder Judiciário e principalmente de todos os meus colegas que por aqui passaram agradeço-vos de todo o coração.

De qualquer forma porém, este honroso título traz o meu nome como agraciado e ao término desta sessão eu o deverei levar para casa. É por isso que me sinto no dever de fazer antes aos senhores sérias revelações sobre fatos graves e comprometedores ligados à minha função nesta Comarca.

Não posso enganar-vos!

Confesso-vos pública e solenemente que tenho sido um mau juiz, injusto e arbitrário... Tenho a consciência pesada...

Pois bem, Senhor Presidente e Senhores Vereadores, é a este juiz que quereis homenagear, outorgando o título de Cidadão Suzanense e, como dizeis, "pelos relevantes serviços prestados à Comarca".

Oh, como é grande e grave a vossa responsabilidade!

Senhores, a minha missão é decidir. Sobre isso é que vos quero falar.

Deixo logo de lado, para não cansar-vos, as minhas

decisões sobre coisas sem tanta importância. Por exemplo, discussões entre senhorio e inquilino a respeito de aluguéis, ou entre credor e devedor a respeito de dívidas. Em geral, o inquilino relapso pode muito bem pagar o aluguel e o locador, por sua vez, não necessita dele. O devedor não fica mais pobre pagando a dívida, nem mais rico o credor, se recebê-la.

Quero confessar-vos as arbitrariedades, injustiças e ilegalidades que tenho cometido reiteradamente como juiz criminal e juiz de menores nesta cidade.

Tenho condenado homens a viverem enjaulados como feras, apinhados em compartimentos exígüos, insalubres e malcheirosos. Tenho-lhes imposto penas execráveis e horripilantes. Privo-os arbitrariamente do trabalho a que têm direito por lei. Obrigo-os a adquirirem os piores vícios. Condeno-os a servirem de mulher aos desvairados do sexo, ou a morrerem defendendo a própria honra.

Tais penas não se encontram na lei, mas eu as aplico draconianamente.

A lei também diz que a pena não passará da pessoa do delinqüente. No entanto, ignorando a própria Constituição da República, tenho condenado esposas e filhos inocentes a viverem sem a proteção e os recursos do trabalho do marido. Obrigo a mulher a se prostituir e os menores a morrerem de fome.

A lei prevê, outrossim, um serviço de readaptação social do sentenciado, ao final de sua pena. Esta lei está sendo cumprida em algumas Comarcas do Estado, mas não em Suzano. Os detentos de Suzano têm recebido um tratamento sub-humano, pior do que os animais que estão no jardim Zoológico. Quando saem da prisão, de coração endurecido pela revolta, carimbados indelevelmente pela pecha de delinqüentes, sem possibilidade de emprego, abandonados pela esposa que se prostituiu e pelos filhos que se perderam pela sarjeta, agem como feras, em que foram por mim transformados, a atacar violentamente a vós e a vossos filhos e filhas.

E nem ao menos se pode dizer, como atenuante, que estes infelizes estão pagando porque, na grande maioria dos casos, eles não foram nem os únicos e nem os principais responsáveis.

Está provado que o maior fator de delinqüência é a pobreza. Os delinqüentes de hoje são, via de regra, os menores abandonados que ontem deixamos de amparar. E os menores abandonados que não estamos amparando hoje serão inarredavelmente os bandidos de amanhã.

A sociedade, pois que se omitiu no dever de solidariedade humana é a primeira e grande responsável. Por isso mesmo ela recebe hoje, por Justiça de Deus, os ataques anti-sociais daqueles celerados que ela própria engendrou. Não devemos atribuir a outrem os males que nos acontecem. Nada colhemos, de mau ou de bom, que não tenhamos plantado — é o mandamento divino, que o juiz humano não pode alterar...

... Mas, falando em menores abandonados, nesse setor a atuação deste juiz não tem sido menos desastrosa.

A lei prevê que o juiz proteja o menor desamparado, encaminhando-o a lugar sadio e adequado, em que ele possa desenvolver-se e educar-se... Eu não tenho cumprido esta lei.

Vou dar-vos apenas um exemplo entre inúmeros que ocorrem diariamente no Forum. A polícia apresentou-me um certo dia uma menina, de seus doze a treze anos com o corpo inteiro todo furado, como se alguém tivesse pego uma faca e fosse picando o corpo da menor como se faz com a carne, para receber melhor o tempero. Interpelada, contou a menina que morava com a mãe, mais quatro filhos menores e o padrasto. E que este padrasto não gostava dela e a havia ferido daquela forma, apenas para castigá-la, sendo que sua mãe por sua vez não se importava com ela.

A menor estava, pois, abandonada, nos termos da lei, e precisava ser retirada daquele ambiente com urgência... Até hoje não posso esquecer aquele olhar súplice de criança assustada, implorando a proteção do juiz, como única pessoa no mundo capaz de defendê-la do seu algoz.

Sabeis o que foi feito?

O padrasto deverá responder a processo criminal, foi advertido. Contudo, quanto ao que mais interessava, que era a proteção da menor, quereis saber o que foi feito?

Nada! A menina voltou para a companhia da mãe, e,

em conseqüência, do padrasto.

Alguns meses depois os jornais noticiavam que a mesma menor havia sido espancada pelo padrasto. Apresentava ela os globos oculares inteiramente arroxeados. O padrasto havia batido a cabeça da menor no chão a exemplo do que se faz quando se quer socar a terra. Desta vez o padrasto ficou preso, mas já ganhou a liberdade, conforme a lei, com a promessa de nunca mais voltar aquele lar. Ele está advertido de que se retornar será preso novamente. Mesmo assim, não se pode garantir que não volte.

Pois bem, com tudo isso, Senhor Presidente e nobres vereadores, que me homenageais hoje, depois de tudo continuei negando a esta criança a proteção que a lei lhe garante.

E a inúmeras e incontáveis criancinhas eu tenho negado a proteção da lei.

Sabeis qual a conseqüência dessa nefanda omissão?

Estes pequeninos desvalidos da sorte, abandonados pelos pais, perambulando pelas ruas, batem à porta de nossa casa ou nos puxam pela manga do paletó nos bares. E nós nos irritamos com tais incômodos a que entendemos não ter dado causa e os enxotamos:

— Vá trabalhar menino! sentenciamos com ênfase, crentes de que estamos dando a melhor solução para o caso.

Acontece que esses infelizes têm uma boca e um estômago igualzinho ao nosso e não tarda e eles começam a se defender como podem. A conseqüência é, pois, o aparecimento de mais ladrões e roubadores...

Mas, ainda não vos confessei tudo...

Quando à frente de alguns destes menores, verifico ser absolutamente impossível conservá-lo em Suzano, no ambiente em que vive, procedo ainda de maneira pior: condeno-o ao internamento em recolhimento oficial para menores. Aí ele vai aprender rapidamente os piores crimes e piores vícios, vai fumar maconha e vai prostituir-se. Vai aprender a odiar a sociedade e vai jurar vingança. E logo que sai dali, e isto não tarda muito, devolverá à sociedade a mesma violência com a qual foi por ela tratado. Ele estará diplomado na universidade do crime.

Todas estas atrocidades eu tenho cometido, sem que os senhores saibam. É por isso que antes de levar este título para casa, resolvi alertar-vos. Ainda é tempo de retê-lo convosco, para que em mãos tão indignas não permaneça por um instante sequer.

Mas, Senhor Presidente, e nobres edis, ai de vós se me deixarem levá-lo, porque estarão sendo coniventes e estarão aplaudindo e homenageando todos esses desmandos e ilegalidades. Sois representantes do povo de Suzano e em nome dele me entregais esta honraria. Estudei bem, pois, o vosso comprometimento. Eu, de minha parte, já me sinto mais aliviado.

Depois de tão triste confissão, concedo-vos o direito de arrepender-vos. Mas se os Senhores persistirem em vosso propósito, ficai cientes de que dividireis comigo a responsabilidade de tais atos. Neste caso só vos vejo uma saída: é lutarmos juntos para acabar com a farsa. Educar o delinqüente, salvando o homem, amparar e abrigar os menores em locais adequados, construir creches — estas são as soluções que eu teria a propor não só a vós, como a todos que se encontram aqui presentes e que são testemunhas deste repto.

Posso garantir-vos que tais planos, com a vossa prestimosa colaboração, serão facilmente executáveis. Existe já uma equipe de valorosos colaboradores ansiosos por um apoio vosso. Aqui virei, se necessário, quantas vezes quiserdes.

A hora é pois de decisão.

É certo que a obra deva ser executada em todos os municípios. Contudo, é necessário que um deles dê o início e o exemplo.

Como eu, não tereis o perdão das gerações futuras, se simplesmente me prestardes esta homenagem, sem nada fazerdes para me redimir. É por isso que eu vos digo que concedendo-me o título vós vos obrigais.

Eu confio, como todos os vossos representados, em vosso veredito.

De qualquer forma, porém, muito obrigado!

*Extraído de "**Jornal do Grande ABC**"— 04/06/78*

MATERNIDADE E ABORTO

Filho que nasça no mundo
Será sempre, onde vier,
Uma esperança de Deus,
No coração da Mulher.

Marcelo Gama

Envolto em luz doce e branda,
O berço é um recanto em flor,
Guardando alguém que o Céu manda
Para a oficina do amor.

Auta de Souza

O aborto, em muitos casos, está na raiz de grande número das moléstias de etiologia obscura que arrasam o corpo feminino.

André Luiz

Mãe de filho que se enflora
No máximo desconforto,
Humilha-te, sofre e chora,
Mas não pratiques o aborto.

Mariana Luz

É possível hajas praticado o aborto sem conhecer-lhe as conseqüências. Se acordaste para a responsabilidade, quanto a isso, esforça-te para transformar o próprio arrependimento em socorro às crianças infelizes.

Antonio Xavier e Oliveira

Em verdade dura e clara,
Sob lógica segura,
Aborto é um tapa na cara
Do filho que te procura.

Leandro Gomes de Barros

Se no aborto te endividas
Usa pílulas e zelos,
Deixa as crianças queridas
Para as mães que saibam tê-las.

Jair Presente

Mãe, exulta de alegria,
Teu filhinho nascituro
É bênção que o Céu te envia
Para guardar-te o futuro.

Oscar Batista

Não há diferença entre arrancar a vida de uma criança na rua ou arrancá-la no ventre materno.

Amália Ferreira

Mãe no aborto obrigatório,
Não digas que a vida é má.
Não chores. Deus não te esquece.
Teu filhinho voltará.

Meimei

O abórto calculado, bastas vezes, é a entrada infeliz da mulher nas tramas da obsessão.

Hilário Silva

Se perdeste esse ou aquele filhinho no aborto involuntário, não te incrimines, nem te lastimes. Muitos Espíritos, por força de circunstâncias criadas por eles mesmos, chegam até o limiar da reencarnação, necessitando voltar à Espiritualidade a fim de se prepararem com mais segurança para usufruírem, com êxito, a concessão de nova existência no mundo.

Meimei

*(Página recebida pelo médium Francisco Cândido Xavier, extraída do Livro **Praça da Amizade** - Editora CEU).*

ABORTO NUNCA É A SOLUÇÃO

Irmãos:

É alarmante o número de abortos realizados diariamente em todo o mundo. Mobilizemo-nos no sentido de reduzir esse número, visto que não podemos impedir esse acontecimento devido ao livre-arbítrio de cada ser.

Passemos os esclarecimentos adiante, lembrando-nos da máxima: "Amai-vos e Instruí-vos".

Não se pode falar em "Direitos da Mulher", autonomia sobre seu corpo, quando esse direito consiste em tirar a vida de outro ser.

Não se pode falar que até os três meses não existe uma

criança em formação, que "não existe nada", pois, além de sabermos que, a partir do momento da concepção já existe uma ligação entre o Espírito reencarnante e seu corpo, conforme pergunta e resposta do Livro dos Espíritos nº 344. A medicina já comprovou e definiu a morte como sendo o momento em que cessa toda a atividade do cérebro. Portanto, é lógico, à vista da ciência, quando existe atividade cerebral, existe vida. E a atividade cerebral se inicia no nascituro, na segunda semana após a concepção, através do sistema nervoso.

O feto é uma fase de desenvolvimento necessário à alma, como a infância, a adolescência e a idade adulta.

Uma criança não é menos humana que um adulto porque está em fase de crescimento.

Uma criança de um ano não é mais importante que um feto de 10 centímetros, porque é maior.

A vida não é medida em centímetros ou em metros.

Vamos nos esclarecer, passar o conhecimento para a frente, para que possamos nos amar.

A mulher é livre quanto à disposição do seu corpo, desde que não interfira na liberdade de outro ser: a liberdade de viver.

Podemos comparar a mulher que se diz no direito de abortar, visto que o corpo é seu, a um hospital que possui incubadoras e desligue a energia das mesmas, matando as crianças, alegando que a eletricidade é do hospital e portanto os proprietários têm o direito de interrompê-la à vontade.

Por isso, Irmãos, em nome do Mestre Amado, divulguem e esclareçam:

"O aborto nunca é solução."

Ranaja

Psicografia da médium Rosângela M. F. Vieira em 04/08/93 - Centro Espírita Caminho da Luz — São Paulo-SP

GRAVIDEZ E ABORTO

Antônio J. Azevedo

O tenro broto da pequenina semente do jequitibá, que reponta no seio da terra, é o mesmo vigoroso arbusto em potencial que há de desafiar os rigores das intempéries e dos vendavais na crista da serra!

VOCÊ sabia que tanto é crime abater um indivíduo, a tiro ou de outro modo qualquer, como arrancar o feto da intimidade uterina, em plenitude de vida?

Geralmente, há impunidade das leis humanas, mas não se libertam os responsáveis dos Tribunais Eternos!

O ABORTO

Sérgio Lourenço

"Infanticídio execrável, o aborto delituoso é covarde processo de que se utilizam os espíritos fracos para desfazerem-se da responsabilidade, incidindo em grave delito de que não se poderão exonerar com facilidade."

Joana de Ângelis

Muito se tem falado ultimamente, nos veículos de divulgação de massa sobre o aborto, numa iniciativa de um movimento de mulheres que procuram ter, para si, determinados direitos. Até certo ponto, quando esses movimentos se propõem a reivindicar direitos reais e omitidos por preconceitos, são válidos. No entanto, no caso específico do aborto, torna-se uma violência à lei de harmonia social e à Lei de Deus, o que é lamentável, sem dúvida.

Infelizmente, e por falta de argumentos mais sólidos, invocam os líderes, a pobreza, a ignorância, etc., tudo que no fim redunda na impossibilidade de se criar e educar aquele filho que espontaneamente se concebeu. Como razão, o argumento não resiste a mais mínima análise. É fraco e sem consistência.

Outro argumento que usam, inclusive alguns técnicos e profissionais chamados a opinar, é de que o aborto é praticado em grande escala atualmente, embora clandestinamente, e que isso leva a paciente a sofrer sérios e graves riscos de vida.

O importante, no entanto, é saber-se se o aborto é ou não um crime previsto em nosso código penal. E é, pois, vem expressamente tratado em nossa lei.

Daí se infere que, se é crime, não pode ser legalizado com ressalvas e condições. Se quer a sociedade, pelos seus representantes, deverá pura e simplesmente deixar de catalogar o aborto como crime. Aí, sim, salve-se quem puder...

Isto porque outros criminosos irão se movimentar e pedir a "legalização", por exemplo, da eutanásia ou do crime passional.

Não são as recomendações da Doutrina Espírita que invocamos. Não é a Lei de Deus que reclamamos. É o pudor e a decência que pedimos sejam consideradas, bem como a ordem jurídica preservada. Se o aborto for abolido como crime, fatalmente o infanticídio virá atrás, pois é difícil de controlar-se, principalmente no Brasil, se o crime ocorreu com o feto ou com o recém-nascido. É uma questão que ficará inteiramente a critério do profissional médico. E se hoje existem profissionais que cometem aborto na clandestinidade, quem poderá dizer que amanhã não surgirão "clínicas" que também irão "especializar-se" em infanticídio e classificá-lo como aborto? Enquanto não cuidarem os legisladores de preservar o cumprimento da Lei e deixar o problema da simpatia pessoal de lado, a sociedade corre sérios riscos. É o risco da libertinagem. É o risco da insensatez.

Se a vida é considerada desde a concepção, o direito a ela em qualquer fase precisa ser respeitado. Se não se respeita a vida do feto, como pretender-se respeitar a criança? E tanto se canta, hoje, os inalienáveis direitos das crianças... É uma incongruência, sem dúvida.

E o mais interessante é que, pela televisão, em bombásticos programas, não são ouvidas as mulheres-mães carentes. São ouvidas as madames de posição social alta e que, no interesse próprio, fingem defender os direitos alheios. São artistas de renome, psicólogas, sexólogas (?), etc... As carentes continuarão carentes da lei porque os recursos não serão aumentados pela extinção da punibilidade.

O aborto é uma violência à vida? Se é, claramente é crime e como tal precisa ser punido. Se não for então nenhuma violência à vida, em qualquer tempo, poderá não merecer punição.

Por questão de ética continuamos com a verdade primeira e entendemos que o respeito aos direitos da criança ou da criatura deve e precisa ser respeitado, pois ninguém concebe por osmose. Concebe-se, isto sim, espontânea e livremente. Se é assim, a responsabilidade é de quem pratica o ato de concepção e dele deve e precisa arcar com as responsabilidades.

CAROL: MINHA FILHA ESPECIAL

Valdete C. M. Valle

Grávida, estava completa. Abençoada, em estado de Graça. Resultado de 3 anos de tratamento.

Era um verdadeiro milagre acontecendo dentro de mim, sentia-me especial.

Na maternidade, veio o desespero da perda, seu coração tinha problemas e havia suspeita de uma síndrome fatal, mas ela resistiu.

Encontro-me afastada do trabalho bancário desde seu nascimento, e por 2 anos o Banco me licenciou com vencimento integral devido à gravidade do caso e hoje recebo pelo INSS.

É necessário que todos os Banespianos saibam que é possível tratá-la e mantê-la, graças ao Bairro, à Cabesp, ao Banespa e principalmente pela solidariedade de todos os banespianos que se associaram a APABEX.

Hoje, Carol com quase 5 anos, é portadora de uma síndrome rara e grave, talvez única no Brasil, com expectativa clínica de apenas um mês de idade. Ela é um bebê grande, alimenta-se por sonda, respira por traqueostomia e tem vesicostomia, enfim já fez 8 cirurgias chegando a permanecer por 4 meses consecutivos no hospital. Tem crises convulsivas incontroláveis, sendo estas provocadas até por correntes de ar, chegando, às vezes, a ter paradas respiratórias.

Ela não fala, quase não sorri, não me abraça, mas me sinto muito amada. É um ser especial que veio mudar minha vida e a do pai. Trouxe-nos harmonia nos momentos críticos e nos ensinou outra linguagem do amor: sutil, inaudível, mas forte e sempre presente.

Nós, pais "especiais" não temos o poder de vida e morte sobre nossos filhos, mas temos o dever e a responsabilidade de garantir uma melhor qualidade de vida, que implica em lutarmos contra o preconceito dando-lhes amor como retorno, não se calando ante as ignorâncias, mas contribuindo para esclarecer, fazendo parte de um grupo, uma associação. Não devemos deixar que a angústia e a depressão nos sufoquem dentro de casa. A esperança deve ser eterna, mesmo que não brilhe todos os dias.

Para nós, o amor, através do carinho, cuidado e perseverança, foi sempre seu maior alimento e este também vem da família Banespa através da APABEX. A ciência não explica mas o coração multiplica.

Aprendemos com Carol a não questionar o amanhã, o importante é que estamos juntos dela hoje.

Milagres não irão acontecer (andar, falar, correr, respirar...) acontece todo dia — ela vive.

Carol nunca foi ou será um "carma" em nossas vidas, é presente divino e especial; ela não nasceu para nos punir ou nos redimir de algo, e sim para aprendermos a amar e respeitar o que divinamente e amorosamente nos foi permitido ter.

Extraído: ***Boletim APABEX****, 03/06/93*

EUTANÁSIA

Raymundo Rodrigues Espelho

> *"O homem não tem o direito de praticar a eutanásia, em caso algum, ainda que a mesma seja demonstração aparente de medida benfazeja".*
>
> *Emmanuel - F.C.X. — "O Consolador", questão 106*

É sabido que a eutanásia, palavra de origem grega, é a prática pela qual se busca abreviar sem sofrimento a vida de um enfermo reconhecidamente incurável: o chamado doente terminal. A eutanásia também é conhecida por "morte serena", "boa morte", "chá da meia noite" e eutanásia eugênica, quando se eliminam os recém-nascidos anormais.

O Código Penal Brasileiro não admite a eutanásia e ao que consta em nenhum país ela é aceita. Em todas as partes é considerada crime. Mas segundo notícias divulgadas constantemente pela imprensa, há médicos no mundo todo que a pretexto de atenuarem a dor e o sofrimento, justificando fazerem por piedade e alívio do moribundo, adotam a chamada "eutanásia passiva", isto é, simplesmente interrompem o tratamento médico ou desligam os aparelhos que sustentam a vida. Em método diferente aplicam uma injeção, um medicamento ou usam outros meios para facilitar a morte daquele que se encontra em vida vegetativa.

Sabemos que nenhuma religião aceita a eutanásia pela justificativa de que se a vida foi criada por Deus a Ele cabe tirá-la. Mas se as religiões não aceitam a "morte serena", o Espiritismo, por ser uma doutrina reencarnacionista, tem mais motivos para rejeitá-la, por encarar a dor e o sofrimento como processos de retificação e o meio de evolução. Extinguindo esse sofrimento podemos estar obstruindo a oportunidade de reflexão e aprendizado que o Espírito precisa nesses momentos difíceis para preparar sua jornada evolutiva.

É importante deixarmos claro que não se trata de fatalismo ou coisa semelhante a: se tem que sofrer então que sofra. No Espiritismo aprendemos que temos obrigação de aliviar o sofrimento nosso e de nossos familiares até as últimas esperanças, o exalar do último suspiro.

Por motivos quase sempre desconhecidos em vida, participamos de momentos aflitivos de angústia e de dor junto a entes queridos que nos reclamam carinho, atenção, acompanhamento metódico e muita, muita dedicação. E aí todo nosso esforço deve ser feito para que o doente tenha o seu sofrimento amenizado.

Não tenhamos dúvidas que essas razões por nós desconhecidas têm origem em vidas passadas e agora, onde raramente por missão e no mais das vezes por provas ou resgate passamos pela oportunidade de auxílio a esse irmão. Mas estejamos certos que esgotado o tempo regulamentar e cumpridos todos os episódios traçados pelo plano maior, familiares e desencarnante sairão fortalecidos se estiverem em conformidade com as leis Divinas, mostrando fé em nossos pensamentos e atitudes.

Oportuno lembrarmos o importante trabalho desenvolvido há alguns anos nos Estados Unidos pela Dra. Elizabeth Cleave Ross, médica e cientista, que passou a se interessar pelos doentes em fase terminal que permaneciam em alas de hospitais, relegados ao abandono, sem qualquer assistência, de médicos ou parentes por estarem desenganados clinicamente.

Dra. Elizabeth, que já publicou cinco livros sobre seu trabalho, levou-os para outros locais passando a transmitir--lhes atenção, carinho, solidariedade e somando-se a tudo isso, o tratamento adequado, observando assim os pacientes que tiveram suas vidas prolongadas, alguns chegando a viver por vários anos.

Não temos informações se a Dra. Elizabeth é reencarnacionista, mas, sabemos se tratar de um belo exemplo de trabalho para os espíritas, principalmente para os profissionais da área de saúde, por terem conhecimentos sobre a continuidade da vida após a morte, da reencarnação e por terem oportunidade de preparar esses enfermos para a "viagem inevitável". Certamente que se torna muito mais natural a chegada do outro lado da vida quando se tem informações sobre a imortalidade da alma e sobre a vida na erraticidade.

Além de Kardec, Viana de Carvalho e tantos outros Espíritos nos trazem boas expectativas para o futuro. Através da psicografia de Divaldo Pereira Franco, Viana de Carvalho registra que "A eutanásia é crime que um dia desaparecerá da face da Terra, quando a sociedade crescer em valores morais fundamentados nas realidades do Espírito. Somente uma cultura primitiva, porque bárbara e semibárbara, aplica os recursos da interrupção da vida, exatamente por desconhecer os comportamentos morais relevantes.

A vida na matéria ou fora dela é indestrutível, já o Espírito transita pelo corpo ou sem ele, sem entrar ou sair da realidade intrínseca onde se encontra colocado no Universo".

E não podíamos concluir estas anotações sem recorrermos ao Evangelho Segundo o Espiritismo onde Kardec orientado pelos bons espíritos nos instrui:

"Um homem agoniza, presa de cruéis sofrimentos. Sabe-

-se que o seu estado é sem esperanças. É permitido poupar--lhe alguns instantes de agonia, abreviando-lhe o fim?

"— Mas quem vos daria o direito de prejulgar os desígnios de Deus? Não pode Ele conduzir um homem até a beira da sepultura, para em seguida retirá-lo, com o fim de fazê-lo examinar-se a si mesmo e modificar-lhe os pensamentos? A que extremos tenha chegado um moribundo, ninguém pode dizer com certeza que soou a sua hora final. A ciência, por acaso, nunca se enganou nas suas previsões?

"Bem sei que há casos que se podem considerar, com razão, como desesperados. Mas se não há nenhuma esperança possível de um retorno definitivo à vida e a à saúde, não há também inúmeros exemplos de que, no momento do último suspiro, o doente se reanima e recobra suas faculdades por alguns instantes? Pois bem: essa hora de graça que lhe é concedida, pode ser para ele da maior importância, pois ignorais as reflexões que o seu Espírito poderia ter feito nas convulsões da agonia, e quantos tormentos podem ser poupados por um súbito clarão de arrependimento.

"O materialismo, que só vê o corpo, não levando em conta a existência da alma, não pode compreender essas coisas. Mas o espírita, que sabe o que se passa além-túmulo, conhece o valor do último pensamento. Aliviai os últimos sofrimentos o mais que puderes, mas guardai-vos de abreviar a vida, mesmo que seja em apenas um minuto, porque esse minuto pode poupar muitas lágrimas no futuro." (1)

---

(1) Resposta dada pelo Espírito São Luís - Capítulo V, Ítem 28 - 41ª edição LAKE

VIVER: NOSSO DIREITO, NOSSO DEVER!

Rodrigues de Camargo

- O Espiritismo e o Suicídio
- Jesus e a Imortalidade da Alma
- A Reencarnação provando a Imortalidade
- Deus e a Lei
- Kardec diz: Os males são conseqüências das Imperfeições

> *"Um dos flagelos deste mundo é o suicídio. Ele chega sorrateiramente nos casebres, nas mansões, nos palácios, enfim não é muito exigente quanto ao local. Apresenta-se, porém, sempre como solução. Ledo engano!..."*

O Espiritismo oferece muitas razões para opor à idéia do suicídio, entre tantas, a certeza de uma vida futura, na qual a pessoa sabe que será tanto mais feliz quanto mais resignada for na Terra.

A prova maior da imortalidade da alma encontramos em Jesus. Ainda é o Cristo, o Nosso Mestre, quem também desmistifica os incréus, provando a imortalidade após a crucificação, ressurgindo e permanecendo por longos dias na companhia de seus discípulos. E concede uma orientação para aqueles ignorantes da fé: — "Bem-aventurado aquele que crê sem ver". Isto porque, Tomé, um dos doze, dizia que somente creria se visse Jesus. Muita prepotência para alguns, exigir que Jesus ressurja e permita tocá-lo. Mas, o Cristo é complacente e materializa-se em reunião às portas fechadas e chama o discípulo Tomé para que o apalpe.

Outra grande prova da imortalidade da alma é relatada na Bíblia, sendo considerada o processo que une o Velho ao Novo Testamento, centralizada em Elias e João Batista. Sim, o profeta Elias, após vencer a disputa com os sacerdotes de Baal, demonstrando assim a sua crença vitoriosa no Deus único (os sacerdotes pregavam e acreditavam em vários deuses) mandou que seus confrades decapitassem mais de cem sacerdotes. Séculos depois ressurge na Terra, para abrir os caminhos ao Senhor, Elias, o profeta de elevados sentimentos, de rígidos preceitos, com o mesmo ideal de profecias e disciplina, e condena novamente o mau procedimento da rainha do passado que reencontra agora assediando o Rei Herodes. Dessa vez ela se vinga e exige a cabeça do profeta.

Conforme diz Jesus: — "Quem com ferro fere, com ferro será ferido". No passado Elias mandou decapitar os sacerdotes da Rainha e agora retornando à Terra, apenas com o nome diferente, mas com as mesmas qualidades espirituais, resgata o seu débito sofrendo a decapitação.

Jesus na companhia de alguns discípulos faz uma reunião no Monte, e após as orações, novamente os amigos espirituais se manifestam para Jesus e os discípulos: são os Espíritos materializados de Moisés e Elias.

Quer melhor prova da imortalidade do que esta?

Mas, se Elias já tinha retornado — pode perguntar alguém — e nessa nova vida corporal se chamou João Batista, por que não apareceu como João? Boa pergunta! Com a Doutrina Espírita aprendemos que o corpo espiritual (aquele que Paulo fala em Atos: "... semeia-se corpo carnal e colhe-se corpo espiritual"), é sutil e plasmável, podendo o Espírito com certa elevação se manifestar com a aparência que mais lhe agrade, de acordo com sua vontade. Esse o motivo do Espírito se apresentar como Elias e não João; na verdade o nome pouco importa.

Finalizando, aprendemos e devemos nos convencer disto: a morte só é porta libertadora para a alma cativa que cumpre sua tarefa neste plano. É ilusão pensar que desencarnando vamos para lugar melhor sem méritos, e que seja a saída para os problemas e dores do ser que se revolta em vez de aceitar a Justiça de Deus, acalentar a fé e esperar com resignação pelo futuro melhor. Também se engana aquele que acreditando na imortalidade faz por chegar mais cedo do outro lado, no desejo de reunir-se com seus entes queridos; ledo engano, o reencontro é para aqueles que fazem por conquistar e não para os afoitos e descrentes da Lei, que imaginam fugir ao Desígnio Divino.

Allan Kardec resume em "A Justiça Divina segundo o Espiritismo" a questão do sofrimento que está ligada à imperfeição: — "Toda imperfeição e toda falta que lhe é conseqüente carrega consigo o seu próprio castigo, por suas conseqüências naturais e inevitáveis, como a doença é a conseqüência dos excessos, o tédio a da ociosidade, sem que haja uma condenação especial para cada falta e cada indivíduo.

"Todo homem, podendo se desfazer das suas imperfeições, por efeito da sua vontade, pode se poupar dos males que são as suas conseqüências, e assegurar a sua felicidade futura.

"Tal é a lei da justiça divina: a cada um segundo as suas obras, no céu como na Terra."

VOCÊ PODE SUPERAR ISTO!

Os malefícios do alcoolismo são bem reais e evidentes. Por isso a nossa preocupação em trazer algumas anotações e idéias, contidas na literatura espírita, as quais, por si, são argumentos poderosos no combate a este flagelo social.

O alcoolismo é responsável por 30% das internações em casos de doenças mentais, apenas no Brasil, e mais de meio milhão de óbitos no mundo ocidental. Na França, a cirrose hepática tira a vida de 20 mil pessoas, e 68 são internadas diretamente devido ao abuso do álcool.

Se você é alcoólatra ou percebeu alguma propensão para tal, reflita profundamente e analise se, realmente, vale a pena deixar-se arrastar por essa força tão aviltante. Veja algumas considerações dadas por estudiosos e também por alguns benfeitores espirituais sobre o alcoolismo, extraídas de uma revista e de alguns jornais e livros espíritas. Você é capaz de superá-lo. Tente!

• • •

"O alcoólatra não é somente o destruidor de si mesmo. É perigoso instrumento das trevas, ponte viva para as forças arrasadoras da lama abismal. O incêndio que provoca desolação aparece numa chispa. O alcoolismo que carreia a miséria nasce num copinho. De copinho em copinho, o vício alcança a delinqüência..."

• • •

"O viciado no álcool fica cada vez mais dependente dele, não só uma dependência física mas também psicológica, pela necessidade de satisfazer uma exigência emocional, provocada geralmente por Espíritos viciados, que se aproveitam da sua fraqueza e não lhe dão trégua, porque eles também aproveitam as emanações alcoólicas absorvidas pelos alcoólatras".

• • •

"Não há dúvidas, a anarquia física do bêbado é apenas o reflexo da sua mórbida desordem psíquica! Assim, quando desencarna, o seu perispírito desfigurado pela ação corrosiva etéreo-astralina do álcool plasma um aspecto larval, vampírico e horrendo, que impressiona e assusta as almas mais tímidas! Aí, na Terra, o corpo desfigurado, bamboleante e repulsivo reflete a desagradável plastia de sua organização perispiritual, cujo tecido delicadíssimo é profundamente sensível às ações mentais".

• • •

"O bêbado descuida-se do seu vestuário, torna-se excêntrico e extravagante; interpreta a vida a seu modo e confunde anomalias censuráveis com a naturalidade da existência. Irrita-se facilmente, discute numa fatigante verborragia as coisas mais simples e tolas, contradiz-se, revolta-se, rebaixa-se moralmente e perde o senso psicológico do ambiente. Vive existência à parte; os seus delírios são constantes e mesclados de alucinações visuais e auditivas. Degeneram-se os seus órgãos físicos, inflamam-se os intestinos e o estômago; sob a ação corrosiva do álcool, atrofia-se o fígado, dificulta-se a drenagem renal e fatiga-se o coração. Então, o seu aspecto modifica-se numa feição estranha, o rosto de cor terrosa, olhos empapuçados e injetados de sangue..."

• • •

"Convinha que todos os homens seduzidos pela bebida alcoólica pudessem certificar-se dos cometimentos atrozes e terríveis, próprios das vítimas do alcoolismo em tratamento nos sanatórios anti-alcoólicos. Elas assemelham-se a verdadeiras feras enjauladas que, entre uivos e clamores, torturadas pela ardência insofreável do vício degradante, ameaçam despedaçar-se de encontro às grades protetoras. São trapos vivos que se amontoam pelo solo e transpiram as emanações etílicas por todos os poros, compondo a fauna dos candidatos à morte inglória nas valetas do mundo ou expostos nos necrotérios públicos".

•••

"Excetuando o Espiritismo, nenhuma religião se apresenta a combater o vício do alcoolismo, porque elas não exigem de seus adeptos a reforma íntima que determina a necessidade de reequilíbrio e moderação para se libertarem dos vícios, defeitos e maus hábitos, e, assim, alcançar uma vida sadia, tanto física como espiritualmente".

•••

"Sê severo nos teus compromissos morais, nas tuas relações sociais, impondo-te elevação e austeridade. Um descuido, uma concessão e se estabelecem os vínculos inditosos. Morigeração e cuidado deves manter, mesmo que os outros se favoreçam com maior soma de liberdade, a fim de preservar-te das artimanhas dos vícios e delitos que trazes de ontem, que podes adquirir hoje e que estão fáceis por toda parte."

*Excertos da **Revista Cruzeiro**, de 04/69, dos jornais **O Semeador** e **Mensageiro Espírita** 09/81, e das obras mediúnicas **Vozes do Grande Além** e **Leis Morais da Vida.***

HISTÓRIA DE UM PÃO

Quando Barsabás, o tirano, demandou o reino da morte, buscou debalde reintegrar-se no grande palácio que lhe servia de residência.

Viu ele, então, baixelas e candelabros. Telas e jarrões, tapetes e perfumes, jóias e relíquias, sob o martelo do leiloeiro, enquanto os filhos querelavam no tribunal, disputando a melhor parte da herança.

Ninguém lhe lembrava o nome, desde que não fosse para reclamar o ouro e a prata que doara a mordomos distintos.

E porque na memória de semelhantes amigos ele não passava, agora, de sombra, tentou o interesse afetivo de companheiros da infância...

Todavia, entre estes encontrou simplesmente a recordação dos próprios atos de malquerença e de usura.

Barsabás entregou-se às lágrimas de tal modo, que a sombra lhe embargou, por fim a visão, arrojando-o nas trevas...

Vagueou por muito tempo no nevoeiro, entre vozes acusadoras, até que um dia aprendeu a pedir na oração, e, como se a rogativa lhe servisse de bússola, embora caminhasse às escuras, eis que, de súbito, se lhe extingue a cegueira e ele vê, diante de seus passos, um santuário sublime, faiscante de luzes.

Milhões de estrelas e pétalas fulgurantes povoavam--no em todas as direções.

Barsabás, sem perceber, alcançara a Casa das Preces de Louvor, nas faixas inferiores do firmamento.

Não obstante deslumbrado, chorou, impulsivo, ante o ministro espiritual que velava no pórtico.

Após ouvi-lo, generoso, o funcionário angélico falou sereno:

— Barsabás, cada fragmento luminoso que contemplas é uma prece de gratidão que subiu da Terra...

— Ai de mim — soluçou o desventurado —, eu jamais fiz o bem...

— Em verdade — prosseguiu o informante — trazes contigo, em grandes sinais, o pranto e o sangue dos doentes e das viúvas, dos velhinhos e órfãos indefesos que despojaste, nos teus dias de invigilância e de crueldade: entretanto, tens aqui, em teu crédito, uma oração de louvor...

E apontou-lhe acanhada estrela, que brillhava à feição de pequenino disco solar.

— Há trinta e dois anos — disse, ainda, o instrutor —, deste um pão a uma criança e essa criança te agradeceu, em prece ao Senhor da Vida.

Chorando de alegria e consultando velhas lembranças, Barsabás perguntou:

— Jonakin, o enjeitado?

— Sim, ele mesmo — confirmou o missionário divino — Segue a claridade do pão que deste, um dia, por amor, e livrar-te-á, em definitivo, do sofrimento nas trevas.

E Barsabás acompanhou o tênue raio de tênue fulgor que se desprendia daquela gota estelar, mas, em vez de elevar-se às Alturas, encontrou-se numa carpintaria humilde da própria Terra.

Um homem calejado aí refletia, manobrando a enxó em pesado lenho...

Era Jonakin, aos quarenta de idade.

Como se estivessem os dois identificados no doce fio de luz, Barsabás abraçou-se a ele, qual viajante abatido, de volta ao calor do lar...

• • •

Decorrido um ano, Jonakin, o carpinteiro, ostentava sorridente, nos braços, mais um filhinho, cujos louros cabelos emolduravam belos olhos azuis.

Com a bênção de um pão dado a um menino triste, por espírito de amor puro, conquistara Barsabás, nas Leis Eternas, o prêmio de renascer para redimir-se.

Irmão X

Médium Francisco Cândido Xavier

Extraído do Jornal "Cáritas", São Paulo-SP, Jul./Set./92.

LEI DO MÉRITO

Se presumes que Deus cria seres privilegiados para incensar-lhe a grandeza, pensa na justiça, antes da adoração.

Para isso, basta lembrar as circunstâncias constrangedoras, em que desencarnaram quase todos os grandes vultos das ciências, das religiões e das artes, que marcaram as idéias do mundo, nas linhas da emoção e da inteligência.

Dante, exilado.

Leonardo da Vinci, semi-paralítico

Colombo, em desvalimento.

Fernão de Magalhães, trucidado.

Galileu, escarnecido.

Bhering, faminto.
Lutero, perseguido.
Calvino, endividado.
Vicente de Paulo, paupérrimo.
Spinoza, indigente.
Milton, privado da visão.
Lavoisier, guilhotinado.
Beethoven, surdo.
Mozart, em penúria extrema.
Braille, tuberculoso.
Lincoln, assassinado.
Joule, inválido.
Curie, esmagado sob as rodas de um carro.
Lilenthal, num desastre de avião.
Pavlov, cego.
Gandhi, varado a tiros
Gabriela Mistral, cancerosa.

E se gênios da altura de Hugo e Pasteur, Édison e Einstein, partiram da Terra sob congregações apoteóticas, é forçoso reconhecer que passaram entre os homens, junto à bigorna do trabalho constante.

Cada consciência é filha das próprias obras.
Cada conquista é serviço de cada um.
Deus não tem prerrogativas ou exceções.
Toda glória tem preço.
É a lei do mérito de que nem Jesus escapou.

Emmanuel

Médium Francisco Cândido Xavier

Extraído do Jornal "Cáritas", São Paulo-SP, Jul./Set./92.

Contando Histórias

É uma seleção de excelentes contos para crianças, jovens e adultos de todas as idades. Esta 3ª edição foi revista e ampliada, com linda capa em quatro cores. Nesta nova edição participam: Celso Martins, Antonio F. Rodrigues, Rodrigues de Camargo, Sérgio Lourenço, Leandro Guerrini, Francisco Pessolano Júnior, Ary Cassiano da Silva, Lúcia Amaral Kfouri, Célio Romero, Izaías Claro e Sonia Cleide.

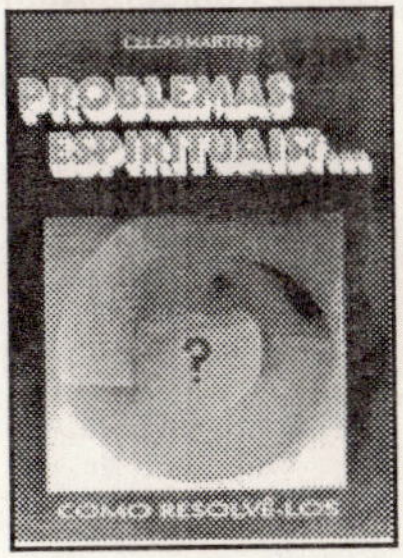

Problemas Espirituais?...
Como Resolvê-los.

(...) é elevado o número de pessoas aflitas buscando consolo nos médicos, nos psicólogos, nas casas de orações, enquanto muitos também extravasam seus problemas nas fugas do alcoolismo, dos tóxicos, dos atos violentos, até mesmo do suicídio.
Por ser testemunha de todo este elenco de dificuldades com que a Humanidade se defronta, Celso Martins elaborou este livro onde alguns subsídios são oferecidos ao leitor a fim de orientá-lo e consolá-lo à luz do Espiritismo.

Setenta Vezes Sete

(...) com ensinamentos doutrinários sutilmente encaixados na trama, corretíssimos, na hora certa, sem cansar... O crescente suspense faz com que não se tenha vontade de parar de ler, como só o Armando sabe fazer. Acho que é o melhor livro dele, aprimora-se dia-a-dia.

Hilda Fontoura Nami

A Indigente

Marília, a grande heroína, vive duas vidas numa só existência, quitando débitos contraídos em jornadas pretéritas, até vencer de vez o orgulho e o egoísmo que tanto a prejudicaram nas vivências pregressas. Após os dolorosos resgates, ela é protagonista de uma cena inesquecível, juntamente com seu noivo, Conrado, por ocasião do casamento de ambos. Um autêntico Final Feliz!...